汽车发动机系统
拆装与检修

主　编　章根美　王海军
副主编　姚婷婷　齐文胜
　　　　汪国栋　符卫敏
主　审　李庭斌

合肥工業大學出版社

图书在版编目(CIP)数据

汽车发动机系统拆装与检修/章根美，王海军主编 .—合肥：合肥工业大学出版社，2019.11

ISBN 978-7-5650-4758-9

Ⅰ.①汽… Ⅱ.①章…②王… Ⅲ.①汽车—发动机—机械系统—装配(机械)②汽车—发动机—机械系统—车辆检修 Ⅳ.①U472.43

中国版本图书馆CIP数据核字(2019)第288843号

汽车发动机系统拆装与检修

章根美 王海军 主编　　　　责任编辑 权 怡 许璘琳

出 版	合肥工业大学出版社	**版 次**	2019年11月第1版
地 址	合肥市屯溪路193号	**印 次**	2019年12月第1次印刷
邮 编	230009	**开 本**	787毫米×1092毫米 1/16
电 话	编 校 中 心:0551-62903004	**印 张**	9.25
	市场营销部:0551-62903198	**字 数**	222千字
网 址	www.hfutpress.com.cn	**印 刷**	合肥现代印务有限公司
E-mail	hfutpress@163.com	**发 行**	全国新华书店

ISBN 978-7-5650-4758-9　　　　定价：28.00元

前　言

任务引领型课改是按照工作任务的相关性进行课程设置，并以工作任务为中心选择和组织内容，让学生在完成工作任务的过程中学习相关知识，增强学生的综合职业能力。任务引领型课改是当前职业教育课改的方向，是职业教育的特色所在。

任务引领型课改强调学生的自主发展，强调培养学生的自学能力，在教学过程中用任务来引导学生自学，让学生根据任务的需求来学习，由被动接受知识转变为主动寻求知识，由“学会”转变为“会学”，改变了学生传统的学习观。采用任务驱动小组合作形式开展理实一体化教学，有利于培养学生团队合作精神、沟通能力和解决问题能力。

浙江公路技师学院自1978年建校以来，一直重视教材的研究与开发，编写了许多实用专业教材并多次修订出版，投入实际教学中取得较好的教学效果。本次推行的任务引领型理实一体化教学改革，改革的第一步就是先进行岗位工作调研，经分析提取岗位的典型工作任务，编制任务引领型改革的教学载体——任务工单。经过几年的探索、验证，目前汽车专业核心课程及专业基础课程均编制了任务工单，形成了任务引领型系列校本教材。《汽车发动机拆装与检测》作为系列教材中的一本，具有以下几个特点：

1. 任务内容设计按照“发动机外围件—配气机构—曲柄连杆机构—润滑系统—冷却系统”的顺序编排，引入教学情景设置，将教学内容与实际作业项目深度融合，形成一个完整的系统。

2. 任务体系精心设计，按“提出任务—任务要求—知识准备—任务实施”的结构编排。每个任务中均有明确的任务要求，知识链接中对相关知识进行回顾，加强了理论知识的学习。

3. 配有操作记录表、评价表，有助于师生使用。

4. 本书共设置了13个学习任务，要求学生循序渐进地学习，前面的小任务未完成的情况下不得进入下个任务学习。

本书由浙江公路技师学院章根美、王海军担任主编；姚婷婷、汪国栋、符卫敏、齐文胜任副主编；李庭斌担任主审。

一套好的教材需要在教学实践中通过反复研究、运用、修改和创新，才能不断趋于完善。由于编者水平有限和经验不足，书中难免存在错误与不当之处，恳请广大读者提出宝贵意见和建议，以便进一步改进。

浙江公路技师学院　章根美

2019年6月

目　录

项目一　汽车发动机外围部件的结构与拆装

任务1.1　工量具、设备的使用

提出任务

汽车拆装与维修过程中，经常会用到多种拆装工具与设备，熟悉并掌握这些常用工具、设备的名称与使用方法至关重要，你能做到吗？

任务要求

知识要求

1. 熟知常用工具的种类、功能、使用方法和要求。
2. 学会汽车千斤顶、举升器、发动机吊架等设备的使用方法。
3. 了解工具、设备的使用注意事项。

能力要求

能正确熟练使用汽车拆装检修过程中需使用的常用工具、设备。

知识准备

一、拆装用的工具及使用方法

1. 开口扳手

开口扳手是最常见的一种扳手，又称呆扳手，如图 1-1 所示。其开口的中心平面和本体中心平面成 15°角，这样既能适应人手的操作方向，又可降低对操作空间的要求。其规格是以两端开口的宽度 S(mm)来表示的，如 8～10、12～14 等；通常是成套装备，有 8 件一套、10 件一套等；通常用 45 号、50 号钢锻造，并经热处理。

开口扳手是将螺栓和螺母拧紧、拧松时使用最多的工具。

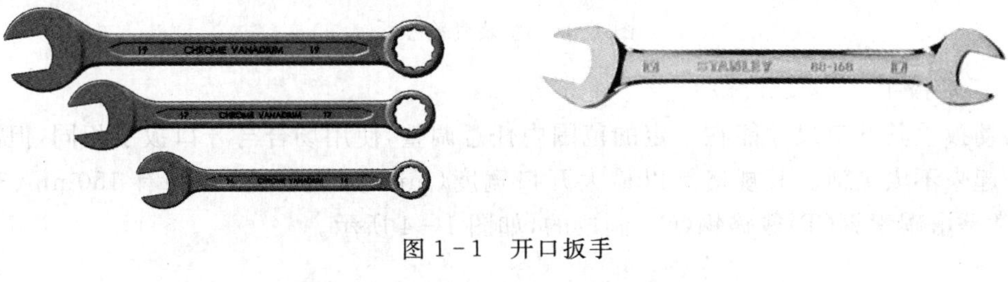

图 1-1　开口扳手

2. 梅花扳手(弯头扳手)

梅花扳手其两端是环状的,环的内孔由两个正六边形互相同心错转 30°而成,如图 1-2 所示。使用时,扳动 30°后,即可换位再套,因而适用于狭窄场合下操作,与开口扳手相比,梅花扳手强度高,使用时不易滑脱,但套上、取下不方便。其规格是以闭口尺寸 S(mm)来表示,如 8～10mm、12～14mm 等,通常是成套装备,有 8 件一套、10 件一套等,通常用 45 号或 40 号钢锻造,并经热处理。

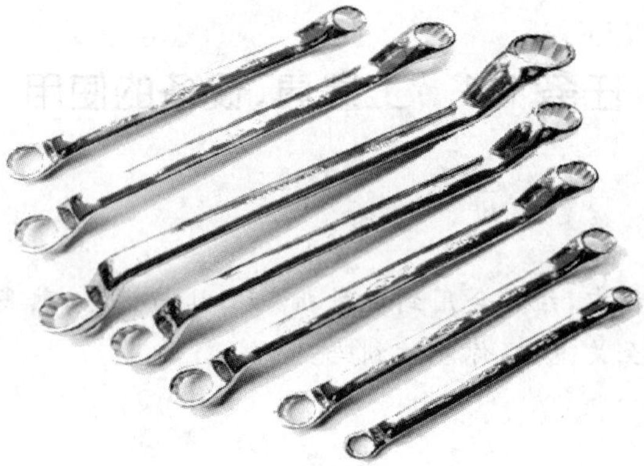

图 1-2　梅花扳手

3. 套筒扳手(环形扳手)

套筒扳手的材料、环孔形状与梅花扳手相同,适用于拆装位置狭窄或需要一定扭矩的螺栓或螺母。套筒扳手主要由套筒头、手柄、棘轮手柄、快速摇柄、接头和接杆等组成,各种手柄适用于各种不同的场合,以操作方便或提高效率为原则,常用套筒扳手的规格是 10～32mm。在汽车维修中还采用了许多专用套筒扳手,如火花塞套筒、轮毂套筒、轮胎螺母套筒等。一般为整套成组的盒装,如图 1-3 所示。

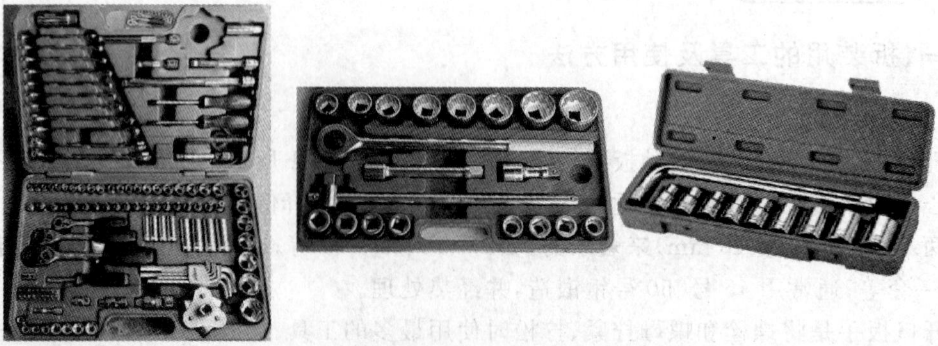

图 1-3　盒装套筒扳手

4. 活动扳手

活动扳手其开口尺寸能在一定的范围内任意调整,使用场合与开口扳手相同,但活动扳手操作起来不太灵活。其规格是以最大开口宽度(mm)来表示的,常用有 150mm、300mm 等,通常是由碳素钢(T)或铬钢(Cr)制成的,如图 1-4 所示。

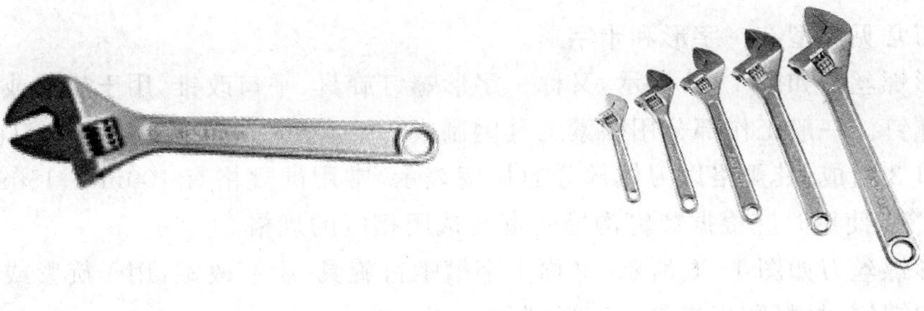

图 1-4　活动扳手

5. 内六角扳手

内六角扳手是用来拆装内六角螺栓(螺塞)的，如图 1-5 所示。规格以六角形对边尺寸 S(mm)表示，有 3～27mm 的 13 种尺寸。汽车维修作业中使用成套内六角扳手拆装 M4～M30 的内六角螺栓。

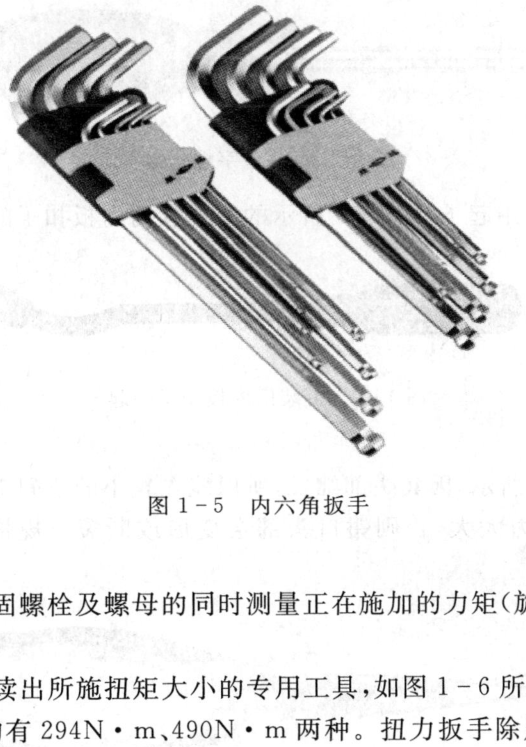

图 1-5　内六角扳手

6. 扭力扳手

扭力扳手可以在紧固螺栓及螺母的同时测量正在施加的力矩(旋转力)。使用扭力扳手时需要装上套筒。

扭力扳手是一种可读出所施扭矩大小的专用工具，如图 1-6 所示。其规格是以最大可测扭矩来划分的，常用的有 294N · m、490N · m 两种。扭力扳手除用来控制螺纹件旋紧力矩外，还可以用来测量旋转件的启动转矩，以检查配合、装配情况。

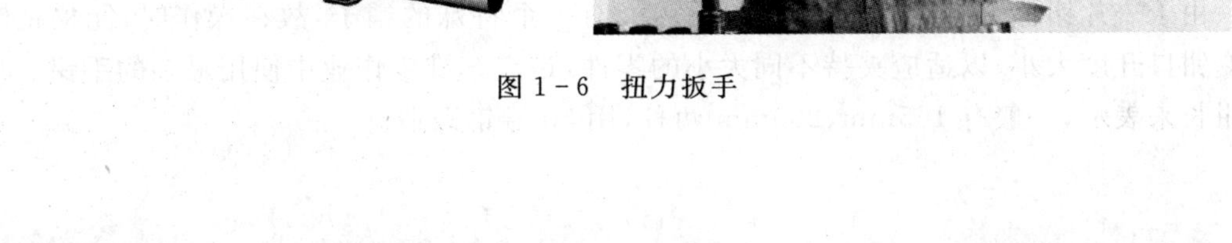

图 1-6　扭力扳手

7. 螺丝刀

螺丝刀常见类型有一字形和十字形。

一字形螺丝刀如图 1-7 所示，又称一字形螺钉旋具、平口改锥，用于旋紧或松开头部开一字槽的螺钉。一般工作部分用碳素工具钢制成，并经淬火处理。一字螺丝刀由木柄 1、刀体 2 和刃口 3 组成；其规格以刀体部分的长度表示，常用的规格有 100mm、150mm、200mm 和 300mm 等，使用时应根据螺钉沟槽的宽度选用相应的规格。

十字形螺丝刀如图 1-8 所示，又称十字槽螺钉旋具、十字改锥，用于旋紧或松开头部带十字沟槽的螺钉，材料和规格与一字形螺丝刀相同。

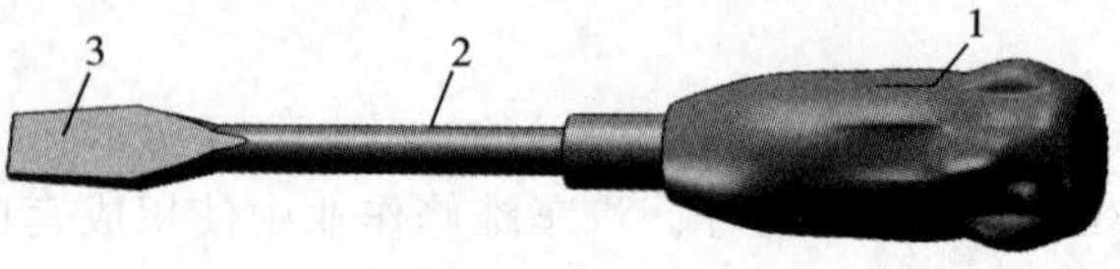

图 1-7 一字螺丝刀

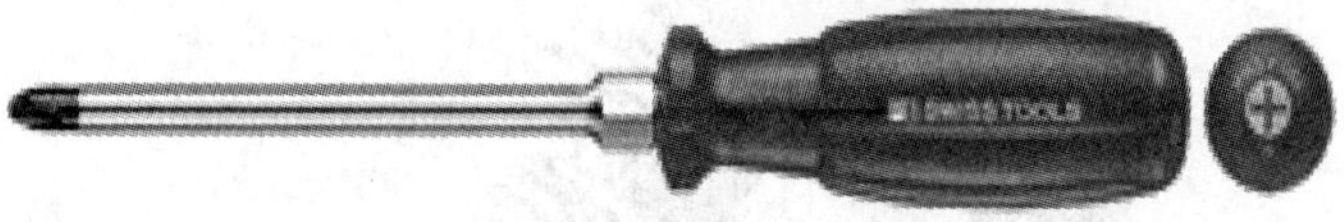

图 1-8 十字螺丝刀

另外一类是一些专用起子，图 1-9 所示的为拆装门内板扣子的起子。

图 1-9 拆装门内板扣子的起子

8. 钳子

尖嘴钳如图 1-10 所示，因其头部细长，所以能在较小的空间工作。带刃口的能剪切细小零件，使用时不能用力太大，否则钳口头部会变形或断裂。规格用钳长来表示，如常用 160mm 的钳子。

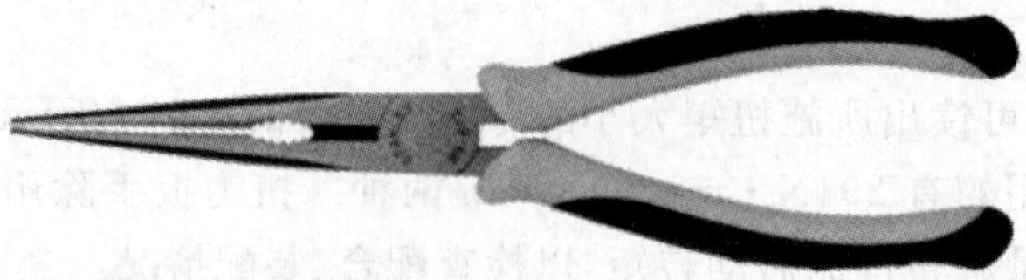

图 1-10 尖嘴钳

鲤鱼钳如图 1-11 所示，其钳头的前部是平口细齿，适用于夹捏一般小零件；中部凹口粗长，用于夹持圆柱形零件，也可以代替扳手旋小螺栓、小螺母；钳口后部的刃口可剪切金属丝。由于一片钳体上有两个互相贯通的孔，又有一个特殊的销子，故在操作时，能根据需要改变钳口开度大小，以适应夹持不同大小的零件，是汽车维修作业中使用最多的手钳。规格以钳长来表示，一般有 165mm、200mm 两种，用 50 号钢锻造。

图 1 - 11　鲤鱼钳

钢丝钳的用途和鲤鱼钳相似，但其支销相对于两片钳体是固定的，故使用时不如鲤鱼钳灵活，但剪断金属丝的效果比鲤鱼钳要好，规格有 150mm、175mm、200mm 三种。

活塞环拆装钳用来专门拆装活塞环，如图 1 - 12 所示，使用时小心卡住需要拆装的活塞环开口处，慢慢用力张开活塞环，使活塞环能脱开活塞，慢慢移出。安装时和拆下时相反。使用时一定要注意用力要小，用力过大容易导致活塞环断裂。

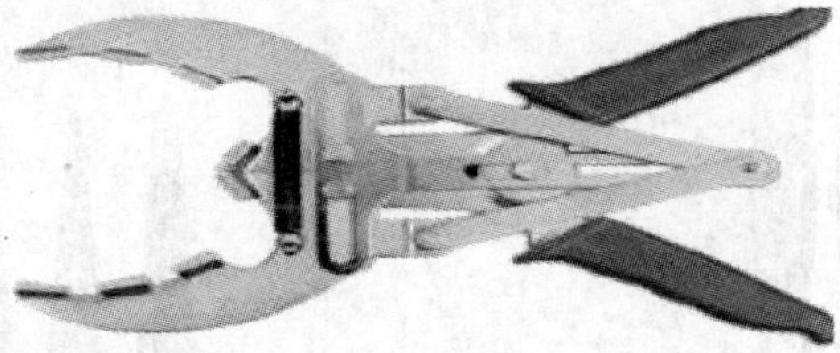

图 1 - 12　活塞环拆装钳

水管卡箍钳用来拆卸水管卡箍，如图 1 - 13 所示，很多轿车散热器上下水管采用卡箍的形式固定，使用时卡住卡箍，慢慢移到原卡箍位的外侧。

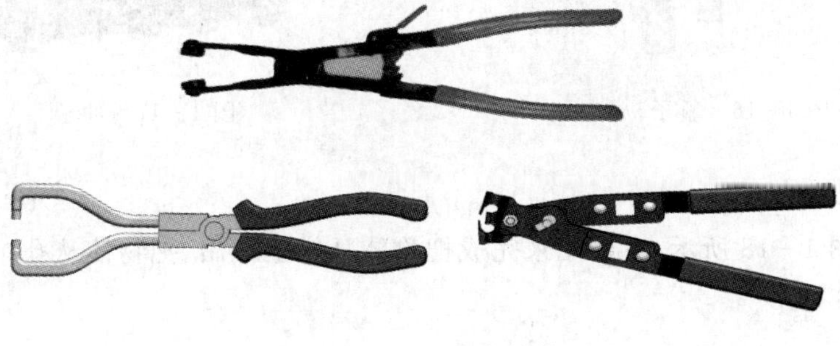

图 1 - 13　水管卡箍钳

9. 手锤

钳工锤又称圆头锤，如图 1 - 14 所示。其锤头一端平面略有弧形，是基本工作面；另一端是球面，用来敲击凹凸形状的工件。规格以锤头质量来表示，以 0.5～0.75kg 的规格最为常用，锤头以 45 号、50 号钢锻造，两端工作面经热处理后硬度一般能达到 50～57HRC。

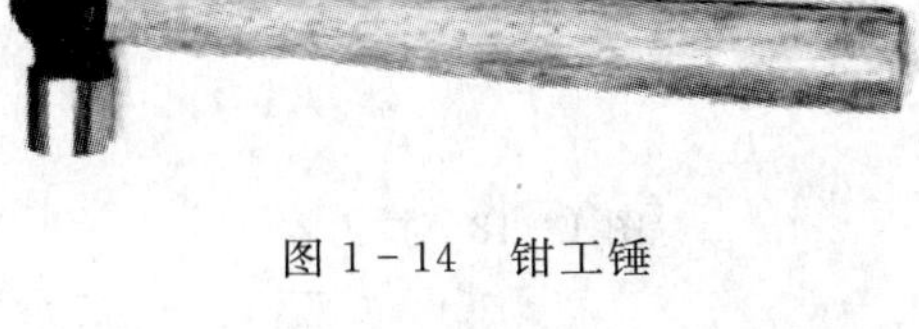

图 1 - 14　钳工锤

安装锤的锤头部分一般用橡胶或其他软性材料制成，如图 1－15 所示。有木槌、铜锤、铝锤、橡胶锤等。用于安装时敲击零件，零件不易损坏。

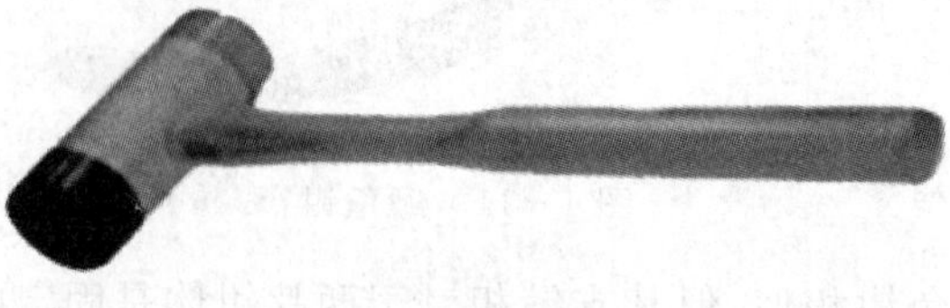

图 1－15　安装锤

10. 錾子和冲子

錾子用于錾削断螺丝、突出物等（如图 1－16 所示）。冲子用于冲孔、打点（如图 1－17 所示）。两种工具需要与手锤配合使用。

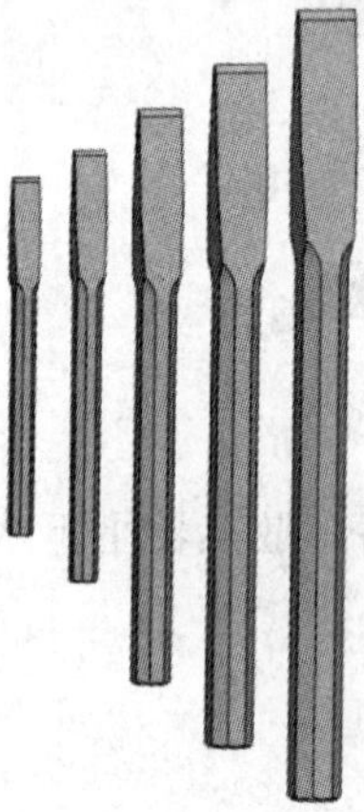

图 1－16　錾子

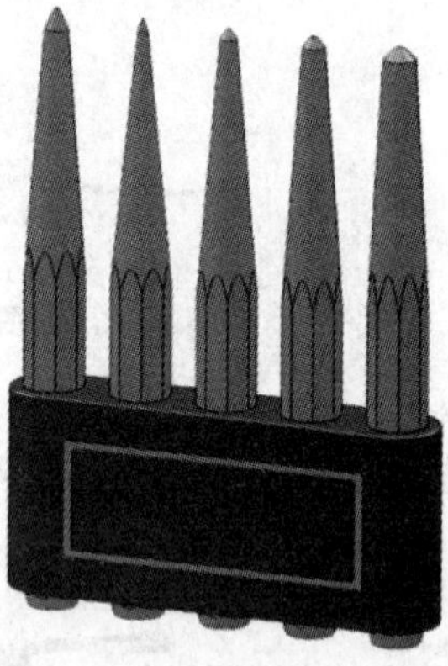

图 1－17　冲子

11. 拉力器

拉力器如图 1－18 所示，主要用来完成把物体从轴上拉出、把物体从孔中拉出或把轴从物体中拉出。

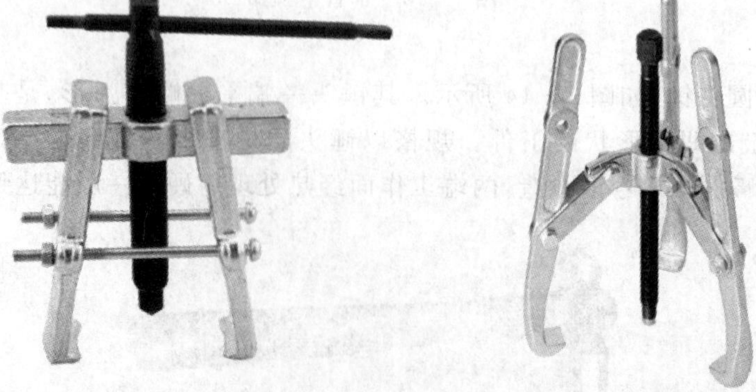

图 1－18　拉力器

二、拆装用设备的使用

1. 千斤顶(图 1-19)

立式千斤顶是一种起重高度小(小于 1m)的简单起重设备。它分机械式和液压式两种。机械式千斤顶又有齿条式与螺旋式两种,由于起重重量小、操作费力,只用于一般机械维修工作。液压式千斤顶结构紧凑、工作平稳、有自锁作用,故使用广泛。其缺点是起重高度有限,起升速度慢。按照所能顶起的质量可分为 3000kg、5000kg、9000kg 等多种规格。目前广泛使用的是液压式千斤顶。

卧式千斤顶其工作原理和立式千斤顶相同,其使用更方便,行程较长,但其尺寸较大,不宜随车携带,是汽车维修企业常用的设备。

在维修中还有一种常见的变速器拆装顶,与汽车举升机配合使用,用于拆卸变速器,顶身较高。

(a) 立式千斤顶　　(b) 卧式千斤顶　　(c) 变速器顶

图 1-19　千斤顶

2. 发动机吊架

发动机整体拆装离不开吊车。它具有移动和使用方便、吊装能力强等特点,在汽车维修企业得到广泛应用。经常使用的吊车有门式、悬臂式、单轨式以及梁式四种类型。在汽车拆装实训中使用最多的是悬臂式吊车,它分为机械式以及液压式(如图 1-20 所示)两大类。

图 1-20　液压式悬臂吊车

3. 举升机

汽车维修最常见的举升设备是液压传动举升机，如图 1 - 21 所示。液压传动举升机是以应用液压油（主要用矿物油）做介质，通过油缸传递动力和运动。它的优点是工作比较平稳、容易控制、结构简单。其缺点是举升设备往往制成同定式，这不但增加了设备安装费，而且增加了设备保养维护工作。

一般常见的有双柱举升机、剪式举升机、四柱举升机等。

图 1 - 21　液压传动举升机

三、工具的使用与维护

孔子曰："工欲善其事，必先利其器。"要完成每项拆卸或装配任务，首先要装备合适的工具。五金工具不能只使用不维护和保养，那样会减少工具的使用寿命，需合理使用及维护工具。

1. 使用工具时的注意事项

扳手：所选用的扳手的开口尺寸必须与螺栓或螺母的尺寸相符合，扳手开口过大易滑脱并损伤螺件的六角。在进口汽车维修中，应注意扳手公英制的选择；各类扳手的选用原则，一般优先选用套筒扳手，其次为梅花扳手，再次为开口扳手，最后为活动扳手。

螺丝刀：起子型号规格的选择应以沟槽的宽度为原则，不可带电操作；使用时，除施加扭力外，还应施加适当的轴向力，以防滑脱损坏零件；不可用螺丝刀撬任何物品。

手锤：常用挥锤的方法有手腕挥、小臂挥和大臂挥三种，手腕挥锤只是手腕动，锤击力小，但准、快、省力；大臂挥是大臂和小臂一起运动，锤击力最大。注意事项：使用手锤时，切记要仔细检查锤头和锤把是否楔塞牢固，握锤应握住锤把后部。

2. 工具的维护

所有的工具应定期检查与保养，每次使用后请擦干净工具表面污渍，防止生锈。遇有故障或损坏应立即维修，损坏的工具很有可能会造成伤害。工具使用前应熟知正确的使用方法及范围，选择合适的工具进行维修作业。各项手动工具必须依照所设计的用途使用，工具未装牢前，禁止使用，严禁使用已损坏或有缺陷的工具。

3. 安全使用手动工具的原则：

① 选择适合工作需要的手动工具。

② 保持工具良好的使用状况。

③ 选择材质良好的手动工具。

④ 使用前确实检查手动工具。
⑤ 正确使用手动工具。
⑥ 手动工具应有安全的场所置放。
⑦ 工作前佩戴适当的防护设备。
⑧ 选用标准工具或规定工具。

四、量具的使用方法

学习下面三种量具的使用方法。

1. 游标卡尺

游标卡尺是一种测量物体长度、内外径、深度的量具，如图 1－22 所示。游标卡尺由主尺和附在主尺上能滑动的游标两部分构成。主尺一般以毫米为单位，而游标上则有 10、20 或 50 个分格，根据分格的不同，游标卡尺可分为 10 分度游标卡尺、20 分度游标卡尺、50 分度格游标卡尺，游标为 10 分度的有 9mm，20 分度的有 19mm，50 分度的有 49mm。游标卡尺的主尺和游标上有两副活动量爪，分别是内测量爪和外测量爪，内测量爪通常用来测量物体内径，外测量爪通常用来测量物体长度和外径。

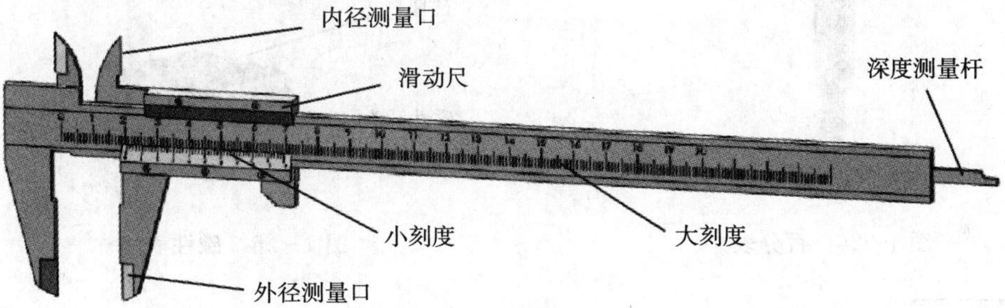

图 1－22　游标卡尺

2. 螺旋测微仪

螺旋测微器又称千分尺、螺旋测微仪、分厘卡，是比游标卡尺更精密的测量长度的工具(如图 1－23 所示)，用它测长度可以准确到 0.01mm，测量范围为几个厘米。它的一部分加工成螺距为 0.5mm 的螺纹，活动套管和螺杆连成一体，当它在固定套管的螺套中转动时，将前进或后退，其周边等分成 50 个分格。螺杆转动的整圈数由固定套管上间隔 0.5mm 的刻线去测量，不足一圈的部分由活动套管周边的刻线去测量，最终测量结果需要估读一位小数。

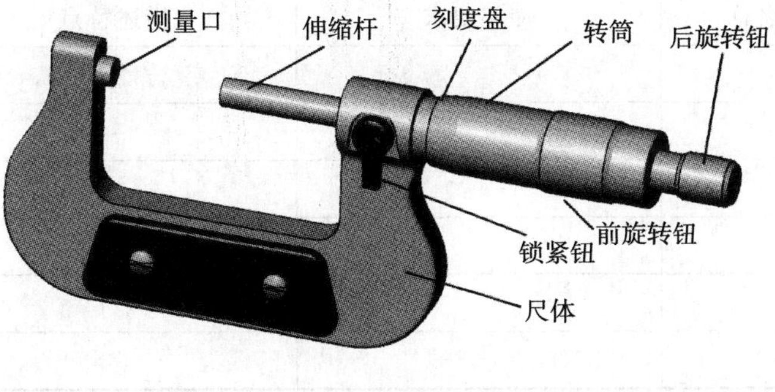

图 1－23　螺旋测微仪

3. 百分表及磁性表座

百分表是利用精密齿条齿轮机构制成的表式通用长度测量工具，如图 1-24 所示。通常由测头、量杆、防震弹簧、齿条、齿轮、游丝、圆表盘及指针等组成。

磁性表座也称万向表座，是机器制造业用途最多的测量工具（如图 1-25 所示），它里面是一个圆柱体，在其中间放置一块条形的永久磁铁或恒磁磁铁，外面底座位置是一块软磁材料，与百分表配套使用较多。

图 1-24 百分表

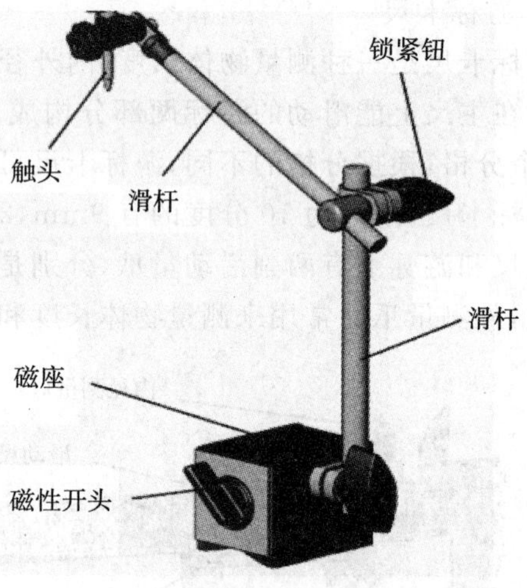

图 1-25 磁性表座

任务实施

工作准备

学习资料：学习材料、多媒体课件、视频、任务工单

设施设备：常见工量具、常用设备

实施过程

1. 根据所学知识将表中内容补充完整，并练习各种工具的使用

常用工具

序号	对应名称	使用要求	描述特点	备注
1				
2				
3				
4				
5				
6				

（续表）

序号	对应名称	使用要求	描述特点	备注
7				
8				
9				
10				

2. 掌握常用设备的操作

根据所学，查找资料，将表中内容补充完整。

重型工具与设备

序号	名称	使用要点	写出操作说明
1			
2			
3			
4			
5			
6			
7			

① 三脚吊架的操作练习；

② 千斤顶的升降练习；

③ 练习举升机举升车辆，包括：支车、升降、保险、收腿等。

3. 根据量具的使用知识写出其步骤

量具的使用

步骤	游标卡尺的使用步骤	步骤	千分尺的使用步骤
1		1	
2		2	
3		3	
4		4	
5		5	
6		6	
7		7	
8		8	
9		9	
10		10	

（续表）

步骤	游标卡尺的使用步骤	步骤	千分尺的使用步骤
11		11	
12		12	
13		13	
14		14	

拓展题

图中为各类钳子，根据自己的了解，写出名称及用途。

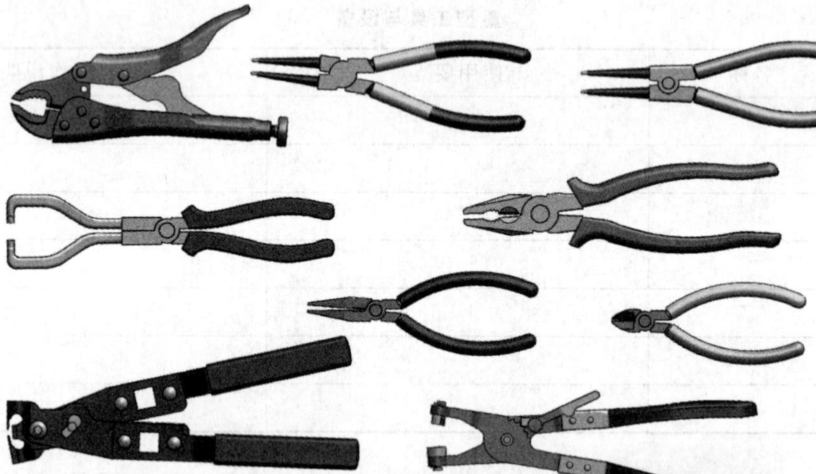

考核评价

本任务评价分四轮，第一轮：学生小组内一对一互评；第二轮：学生跨小组互评（全覆盖）；第三轮：老师考核（填写表单全覆盖、实物抽考40%以上）；第四轮：系部/学院考核（填写表单全覆盖、实物抽考占班级人数比例10%以上，抽考知识技能项目，其他考核分值参考任课老师的评价）。

评分表

序号	考核内容	配分	评分标准	考核记录	得分
1	知识技能	70	倒扣制：上述所有任务表单每错一处扣5分		
2	帮助同学	20	帮助同学		
3	学习能力	5	查阅资料能力、完成质量及速度等		
4	情感态度	5	自我学习态度，与同学配合、服从意识等		
5	知识拓展	8	拓展题		
6	考核作弊		核查作弊情况，每次扣15分		
7	分数总计	108			

任务 1.2　对汽车发动机的认知

提出任务

汽车问世百余年来，特别是从汽车产品的大批量生产及汽车工业的大发展以来，汽车已为世界的发展和人类进入现代生活产生了无法估量的巨大影响，为人类社会的进步做出了不可磨灭的贡献。那么，你对汽车的了解有多少呢？

任务要求

知识要求

1. 能叙述汽车发动机的作用。
2. 识别汽车发动机的类型。
3. 能简述汽车发动机的工作过程。
4. 识别汽车发动机型号。
5. 能解释汽车发动机的基本术语。
6. 识别汽车发动机的总体结构组成。
7. 识别汽车发动机主要零部件及相关外围件。

能力要求

能叙述汽车发动机的作用、类型、型号及工作过程，解释相关术语，正确识别汽车发动机零部件及相关外围件。

知识准备

一、发动机的定义

发动机是将某种形式的能量转化为机械能的机器。而汽车发动机是为汽车提供动力的装置，是汽车的心脏，决定着汽车的动力性、经济性、稳定性和环保性。现代汽车发动机一般采用往复活塞式的内燃机，它是将燃料通过燃烧以后转化成热能，再通过膨胀转化为机械能，并对外输出动力，使汽车行驶。

二、发动机的分类

汽车发动机有不同的分类方式，常见的分类方式有以下几种：

1. 按照使用燃料分类

按使用燃料的不同，汽车发动机可以分为汽油发动机、柴油发动机和气体燃料发动机。气体燃料发动机主要有煤气机、液化石油气发动机等。

2. 按照点火方式分类

按照点火方式的不同，汽车发动机可分为点燃式和压燃式两种。点燃式发动机是利用高压电火花点燃气缸内的可燃混合气来完成做功的，如汽油机；压燃式发动机是利用高温、高压使气缸内的可燃混合气自行着火燃烧来完成做功的，如柴油机。

3. 按照行程分类

发动机按照其完成一个工作循环所需的行程数可分为四冲程发动机和二冲程发动机，如曲轴转两圈，活塞在气缸内上下往复运动四个行程，完成一个工作循环的发动机称为四冲程发动机；而曲轴转一圈，活塞在气缸内上下往复运动两个行程，完成一个工作循环的发动机称为二冲程发动机。汽车发动机广泛使用四冲程发动机。

4. 按照冷却方式分类

发动机按照冷却方式不同可以分为水冷发动机和风冷发动机，如图 1－26 所示。水冷发动机是利用在气缸体和气缸盖冷却水套中进行循环的冷却液作为冷却介质进行冷却的，而风冷发动机是利用流动于气缸体与气缸盖外表面散热片之间的空气作为冷却介质进行冷却的。水冷发动机冷却均匀，工作可靠，冷却效果好，被广泛地应用于现代车用发动机。

（a）水冷

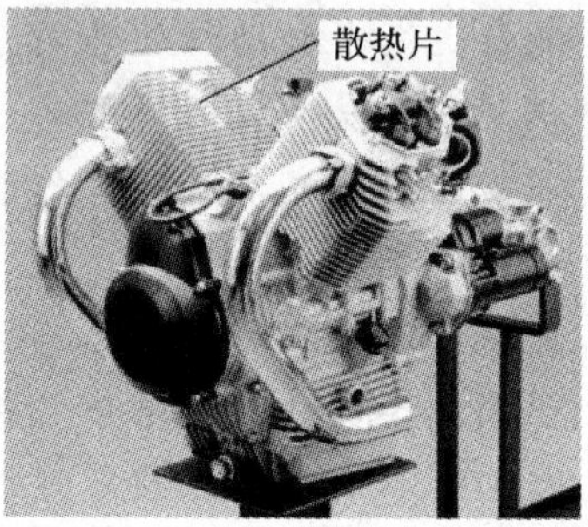

（b）风冷

图 1－26　发动机按照冷却方式分类

5. 按照气缸数目分类

发动机按照气缸数目不同可以分为单缸发动机和多缸发动机，如图 1－27 所示。仅有一个气缸的发动机称为单缸发动机；有两个或两个以上气缸的发动机称为多缸发动机，如双缸、三缸、四缸、五缸、六缸、八缸、十二缸等都是多缸发动机。现代车用发动机多采用四缸、六缸或八缸发动机。

（a）多缸发动机

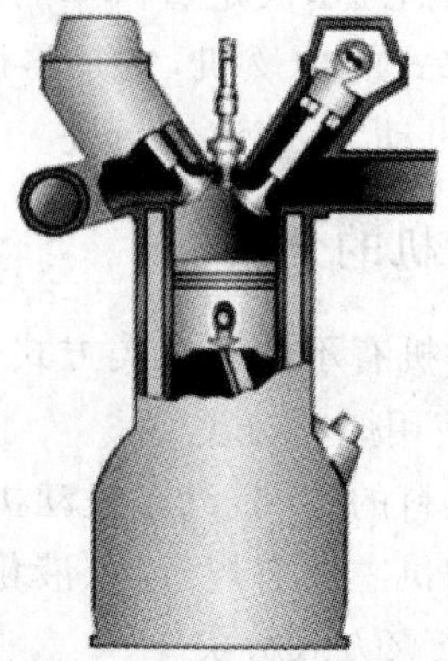
（b）单缸发动机

图 1－27　发动机按照气缸数目分类

6. 按照气缸排列方式分类

发动机按照气缸排列方式不同，可分为直列式发动机、V 形发动机、水平对置式（卧式）发动机和 W 形发动机，如图 1-28 所示。将 V 形发动机的每侧气缸再进行小角度的错开（如帕萨特 W8 的小角度为 15 度），就成了 W 形发动机，或者说 W 形发动机的气缸排列形式是由两个小 V 形组成一个大 V 形。

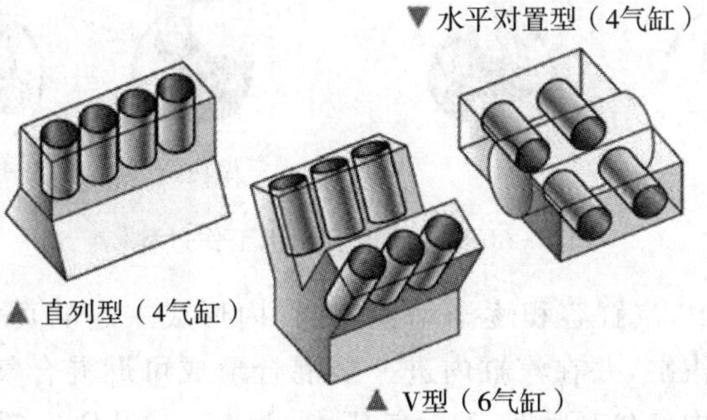

图 1-28　发动机按照气缸排列方式分类

7. 按照进气系统是否采用增压方式分类

发动机按照进气系统是否采用增压方式，可以分为自然吸气（非增压）式发动机和强制进气式（增压式）发动机，如图 1-29 所示。

（a）自然吸气式发动机　　（b）强制进气式发动机

图 1-29　发动机按照进气系统是否采用增压方式分类

三、发动机的工作原理

此处我们介绍四冲程汽油机的工作原理。

四冲程汽油机是将空气与汽油以一定的比例混合成良好的混合气，在吸气冲程被吸入汽缸，混合气经压缩、点火、燃烧而产生热能，高温高压的气体作用于活塞顶部，推动活塞作往复直线运动，通过连杆、曲轴飞轮机构对外输出机械能。四冲程汽油机在进气冲程、压缩冲程、做功冲程和排气冲程内完成一个工作循环。

其四个行程如图 1-30 所示。

1. 进气冲程

活塞在曲轴的带动下由上止点往下止点运动，此时进气门开启，排气门关闭，曲轴转动

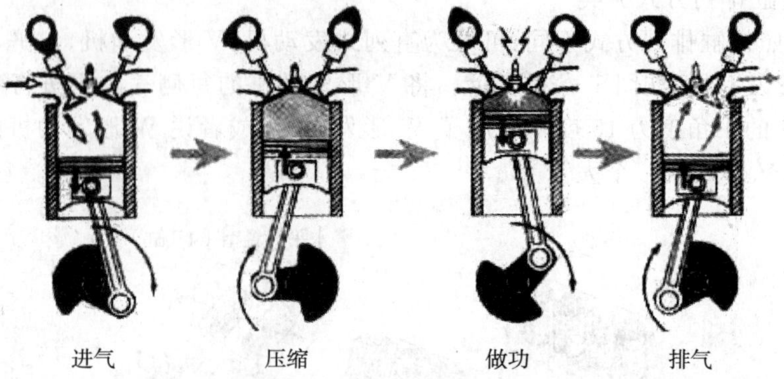

图 1-30　四冲程发动机工作过程

180°。在活塞移动过程中，汽缸容积逐渐增大，汽缸内形成一定的真空度，空气和汽油的混合气通过进气门被吸入汽缸，并在汽缸内进一步混合形成可燃混合气。由于进气系统存在阻力，进气终点时，汽缸内气体压力小于大气压力，为 75～90kPa。进入汽缸内的可燃混合气的温度，由于进气管、汽缸壁、活塞顶、气门和燃烧室壁等高温零件的加热以及与残余废气的混合而升高到 370～440K。

2. 压缩冲程

压缩冲程时，进、排气门同时关闭，活塞从下止点向上止点运动，曲轴转动 180°。活塞上移时，工作容积逐渐缩小，缸内混合气受压缩后压力和温度不断升高，到达压缩终点时，其压力可达 600～1500kPa，温度达 600～800K。

(3)做功冲程

当活塞接近上止点时，火花塞冒火花点燃可燃混合气，混合气燃烧释放出大量的热能，使汽缸内气体的压力和温度迅速提高。燃烧最高压力达 3～5MPa，温度达 2200～2800K。高温高压的燃气推动活塞从上止点向下止点运动，并通过曲柄连杆机构对外输出机械能。随着活塞下移，汽缸容积增加，气体压力和温度逐渐下降，到做功终了时，其压力降至 300～500kPa，温度降至 900～1200K。在做功冲程，进气门、排气门均关闭，曲轴转动 180°。

(4)排气冲程

排气冲程时，排气门开启，进气门仍然关闭，活塞从下止点向上止点运动，曲轴转动 180°。排气门开启时，燃烧后的废气一方面在汽缸内外压差作用下向缸外排出；另一方面通过活塞的排挤作用向缸外排气。由于排气系统的阻力作用，排气终了时压力稍高于大气压力，即 105～125kPa。排气终点温度 Tr=900～1100K。活塞运动到上止点时，燃烧室中仍留有一定容积的废气无法排出，这部分废气叫残余废气。

排气行程结束后，排气门关闭，同时进气门再次打开，开始下一个工作循环。因此，四冲程汽油机的工作由进气、压缩、做功、排气四个冲程组成，每完成这四个冲程称为一个工作循环。发动机完成一个工作循环，曲轴转 2 周，进排气门各开闭一次。

四、发动机基本术语(图 1-31 所示)

1. 上止点

活塞上行所能达到的最高位置，即活塞顶部距离曲轴旋转中心最远的位置。

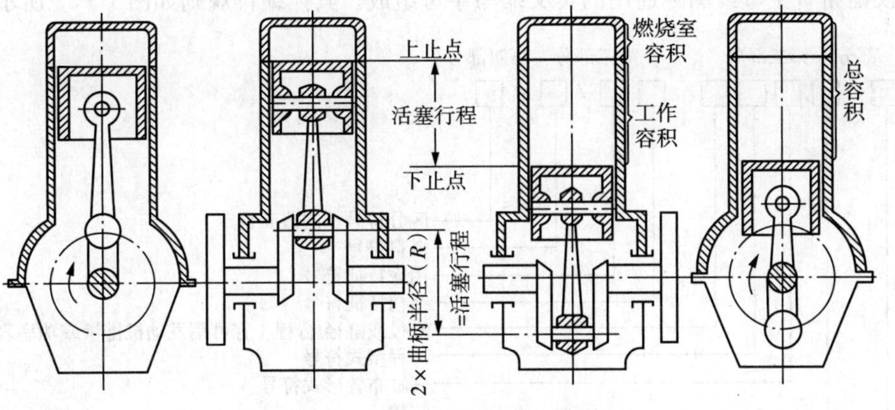

图 1-31　发动机基本术语

2. 下止点

活塞下行所能达到的最低位置，即活塞顶部距离曲轴旋转中心最近的位置。

3. 活塞行程

活塞从一个止点运动到另一个止点之间的距离，称为活塞行程（S）。对应一个活塞行程，曲轴旋转 180°。

4. 曲柄半径

连杆轴颈中心线到曲轴旋转中心线之间的垂直距离，称为曲柄半径（R）。一个活塞行程等于两倍的曲柄半径。

5. 汽缸工作容积

活塞从一个止点向另一个止点运动，活塞顶部所扫过的容积，用 V_h 表示。

6. 燃烧室容积

活塞位于上止点时，活塞顶部以上的容积，用 V_c 表示。

7. 汽缸总容积

活塞位于下止点时，活塞顶部以上的容积，用 V_a 表示。汽缸总容积是汽缸工作容积和燃烧室容积之和。

8. 压缩比

压缩比是气体压缩前的容积与压缩后容积之比，即汽缸总容积和燃烧室容积之比，用 ε 表示（$\varepsilon = V_a/V_c$）。压缩比表征的是发动机工作时汽缸内气体被压缩的程度大小，压缩比越高，相对来说发动机的动力性越好。一般汽油机的压缩比为 8～12，柴油机的压缩比为 18～23。汽油机的压缩比不能设计太高，汽油机压缩比过高，容易产生爆震，反而会让发动机的动力性和经济性下降。高压缩比的汽油机要加对应高牌号的汽油。

9. 发动机排量

发动机排量又称发动机工作容积，是指多缸发动机所有汽缸工作容积之和。用 V_L 表示。

五、国产内燃机型号编排规则

为了便于内燃机的生产管理、使用和维修，我国对内燃机产品名称和型号编制重新审定并颁布了国家标准《内燃机产品名称和型号编制规》（GB/T 725－2008），规定国产内燃机型号由阿拉伯数字、汉语拼音字母或国际通用的英文缩写字母组成。具体编排规则如图 1－32 所示。

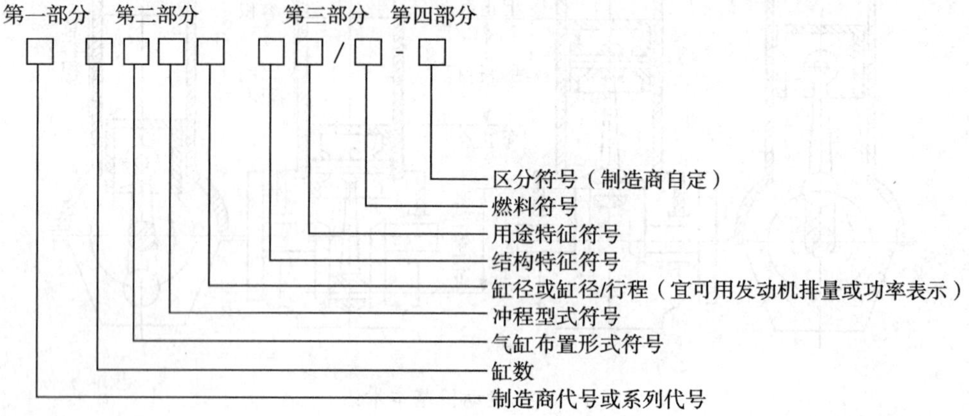

图 1－32　内燃机型号编制规则

第一部分由制造商代号或系列符号组成，本部分代号由制造商根据需要选择相应 1～3 位字母组成。

第二部分由汽缸数、汽缸布置型式符号（见表 1－1）、冲程型式符号（无符号为四冲程，E 代表二冲程）、缸径符号组成。

表 1－1　汽缸布置型式符号

符号	含义
无符号	单缸或多缸直列
V	V 形
P	卧式
H	H 形
X	X 形
其他布置型式符号见 GB/T1883.1——2005	

第三部分由结构特征符号、用途特征符号组成，其符号分别按表 1－2、表 1－3 的规定。

表 1－2　结构特征符号

符号	结构特征
无符号	冷却液冷却
F	风冷
N	凝气冷却
S	十字头式
Z	增压
ZL	增压中冷
DZ	可倒转

表 1-3 用途特征符号

符号	用途
无符号	通用型及固定动力(或制造商自定)
T	拖拉机
M	摩托车
G	工程机械
Q	汽车
J	铁路机车
D	发电机组
C	船用主机、右机基本型
CZ	船用主机、左机基本型
Y	农用三轮车(或其他农用车)
L	林业机械
内燃机左机和右机的定义按 GB/T 726—1994	

第四部分为区分符号,同系列产品需要区分时,允许制造商选用适当符号表示。

六、发动机的结构组成

现代汽车发动机的基本结构都是相似的,汽油机通常由“两大机构和五大系统”组成,而柴油机通常由“两大机构和四大系统”组成。

1. 曲柄连杆机构

曲柄连杆机构是发动机实现工作循环,将活塞的直线运动转变为曲轴的旋转运动并输出动力的机构。它由机体组、活塞连杆组和曲轴飞轮组等组成,如图 1-33 所示。

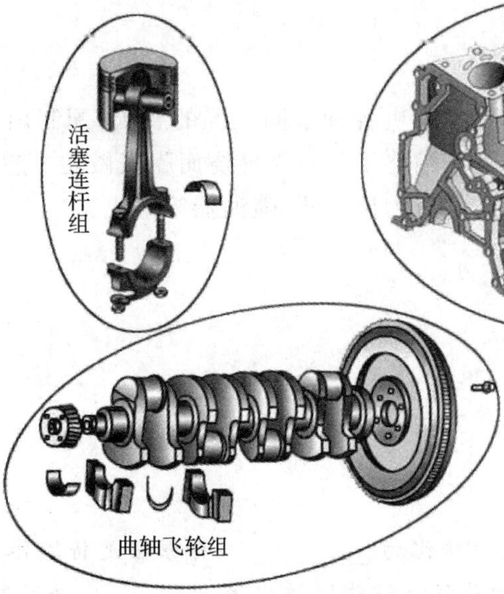

图 1-33 曲柄连杆机构

配气机构用于实现发动机的换气过程，其作用是使可燃混合气及时充入汽缸并及时从汽缸中排除废气。配气机构一般由气门组和气门传动组组成，如图 1-34 所示。

2. 润滑系统

润滑系的功用是向做相对运动的零件表面输送定量的清洁润滑油，以实现液体摩擦，减小摩擦阻力，减轻机件的磨损，并对零件表面进行清洗和冷却。润滑系统由机油泵、集滤器、限压阀、油道、机油滤清器等组成。

3. 冷却系统

冷却系统将受热零件吸收的部分热量及时散发出去，保证发动机在最适宜的温度状态下工作。水冷式冷却系统由水套、水泵、散热器、风扇、节温器等组成。风冷式由风扇和散热片等组成。

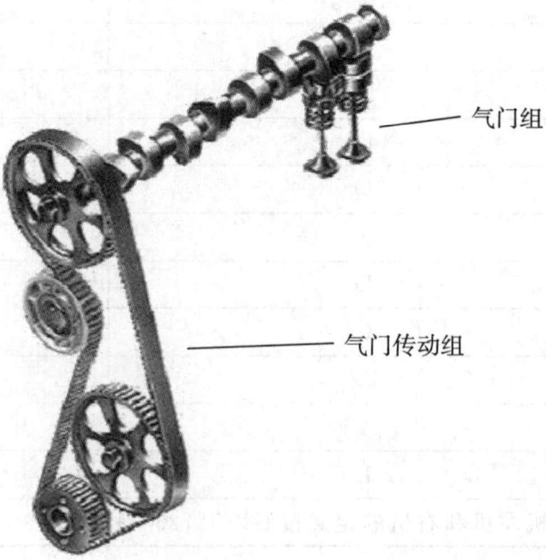

图 1-34　配气机构

4. 点火系统

在汽油机中，汽缸内的可燃混合气是靠电火花点燃的，为此在汽油机的汽缸盖上装有火花塞，火花塞头部伸入燃烧室内。点火系统的作用是按时在火花塞电极间产生电火花，点燃汽缸内的可燃混合气。

5. 起动系统

要使发动机由静止状态过渡到工作状态，必须先用外力转动发动机的曲轴，使活塞作往复运动，汽缸内的可燃混合气燃烧膨胀作功，推动活塞向下运动使曲轴旋转，发动机才能自行运转，工作循环才能自动进行。因此，曲轴在外力作用下开始转动到发动机开始自动地怠速运转的全过程，称为发动机的起动。完成起动过程所需的装置，称为发动机的起动系。它由起动机及其附属装置组成。

6. 燃料供给系统

汽油机燃料供给系统的任务是根据发动机各种不同工况的要求，配制出一定数量和浓度的可燃混合气，供入气缸，使之在临近压缩终了时点火燃烧而膨胀做功。燃油供给系统主要由油箱、油管、燃油泵、燃油滤清器、燃油压力调节器、喷油器等组成。

任务实施

工作准备

学习资料：学习材料、多媒体课件、视频、任务工单

设施设备：发动机整机、发动机主要部件散件

实施过程

1. 发动机的作用

发动机的作用是将某种形式的能量转化为________，其原理是将液体或气体的化学能通过________后转化为热能，再把热能通过膨胀转化为________并对外输出动力，使汽车行驶。

2. 识别发动机的类型

(1)通过查阅汽车发动机构造与维修教材、维修手册，观察相关车型发动机实物及图片，并将表中补充完整。

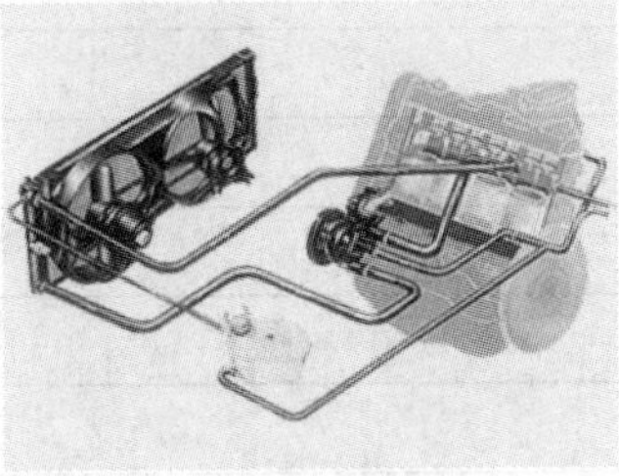

①

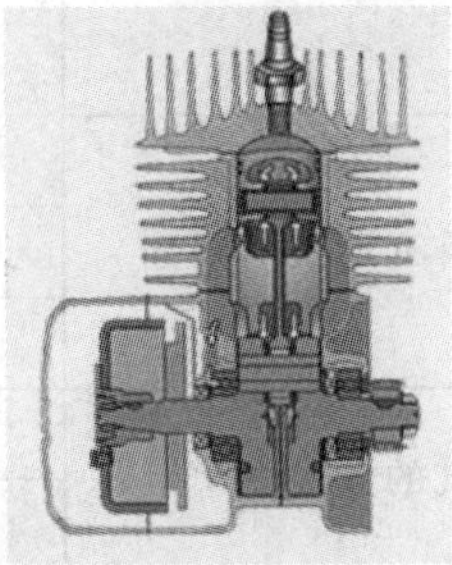

②

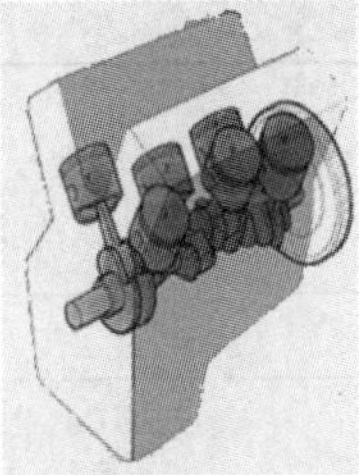

③

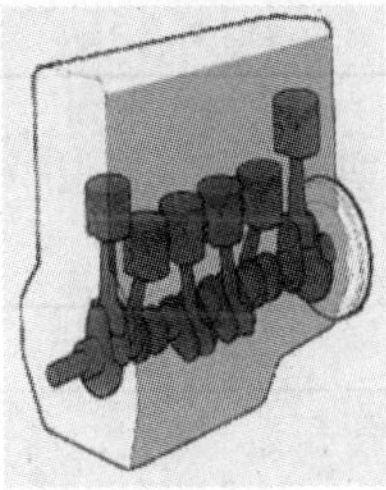

④

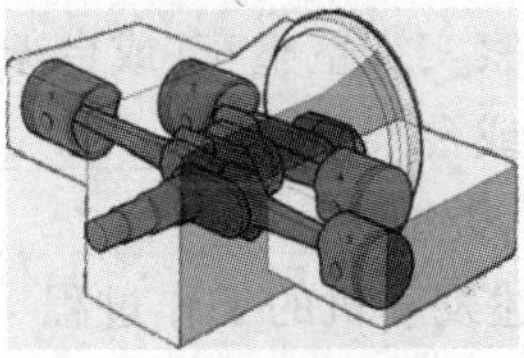

⑤

⑥

⑦

⑧

发动机的类型

分类方式	类型	对应图序号(有则要选)
按燃料的使用不同分		
按气缸的排列形式不同分		
按进气的方式分		
按冷却方式分		

(2)观察实训室整车(或台架)的发动机

整车(或台架):______________________________。

发动机类型:______________________________。

3. 简述发动机的工作过程

要求:根据图片填写发动机工作的四个过程,并将表中内容补充完整。

发动机工作原理

项目	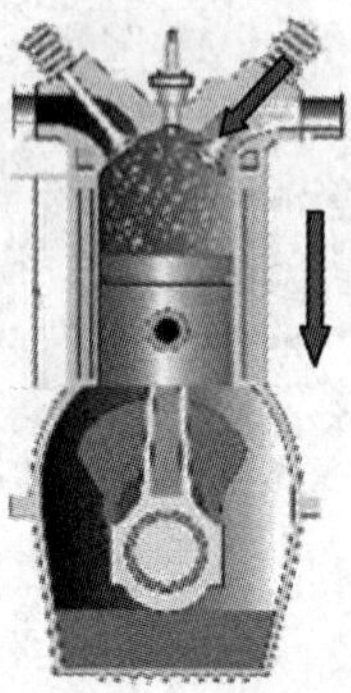 ( )	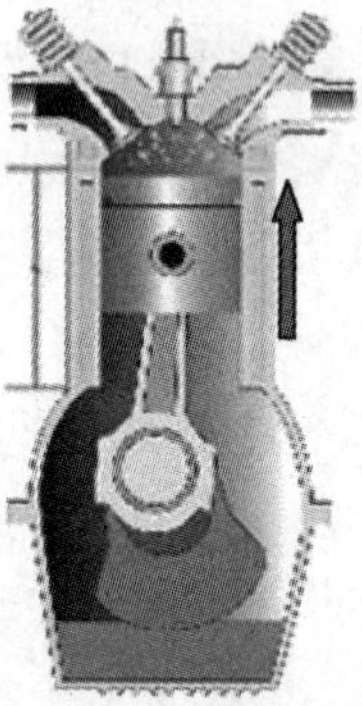 ( )	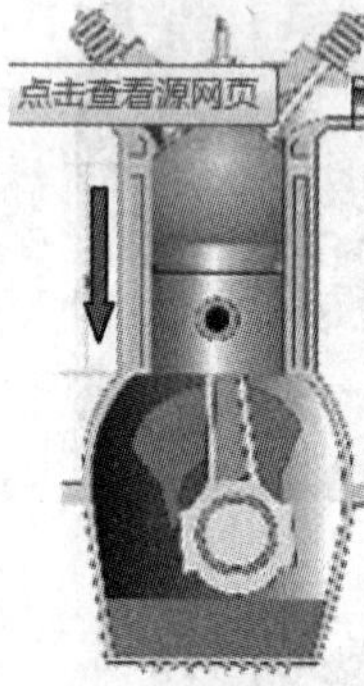 ( )	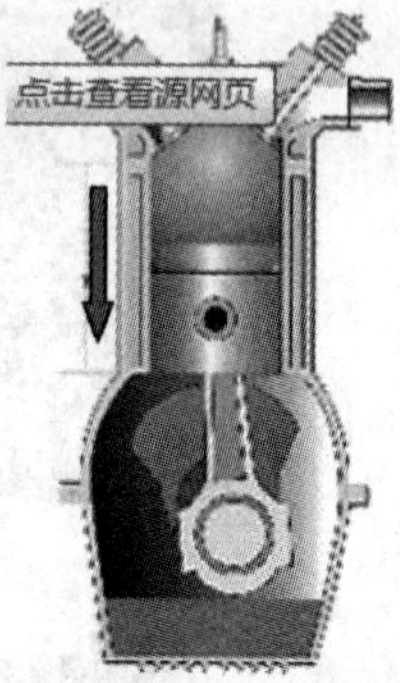 ( )
活塞运动情况				
进气门状态				
排气门状态				
气缸是否封闭				
缸内压力变化(上升或下降)				
气内的度变化(上升或下降)				

4. 识别发动机的型号

CA6102 表示由________生产、________缸、________、________、缸径________ mm、________冷、通用型。

EQ6100－1：____。

YC6105QC：____。

5. 发动机的基本术语

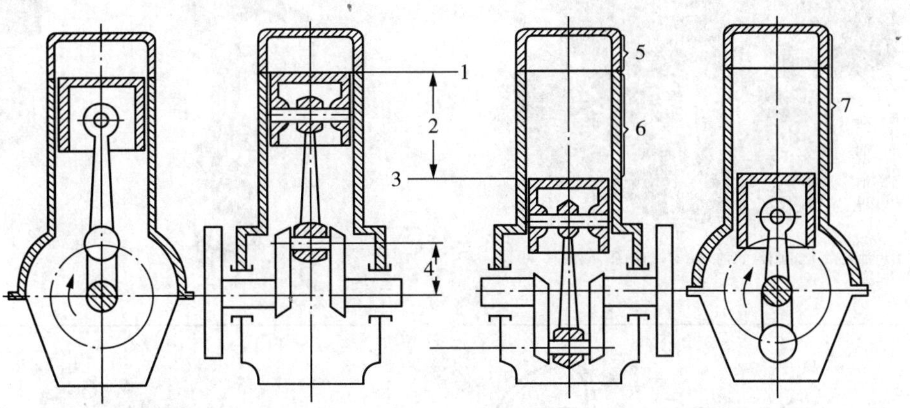

活塞在上止点位置　　　　活塞在下止点位置

1		2	
3		4	
5		6	
7			
发动机排量			
压缩比			

6. 识别发动机的总体结构组成

两大机构			五大系统	

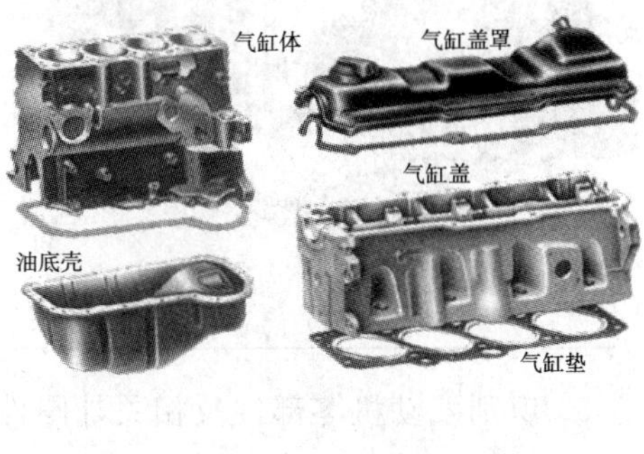

____________________　　　　____________________

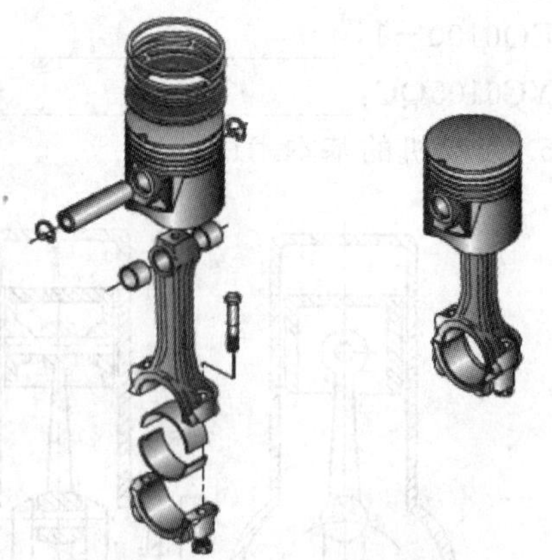

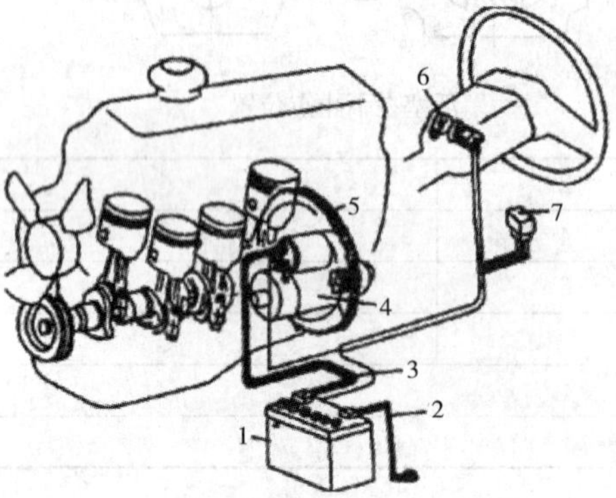

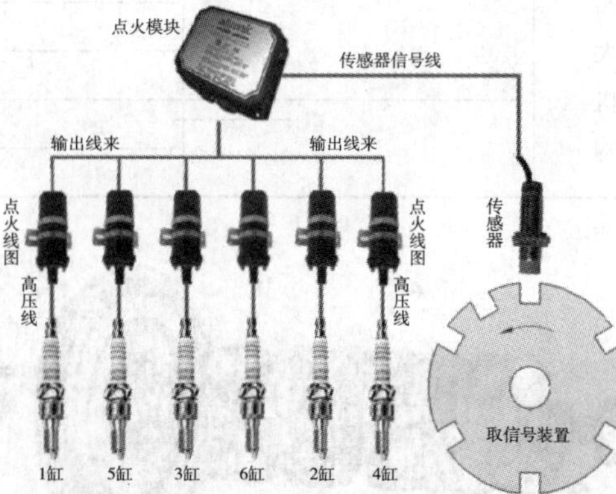

5. 识别发动机零部件及相关外围件

要求：写出各零件的名称

   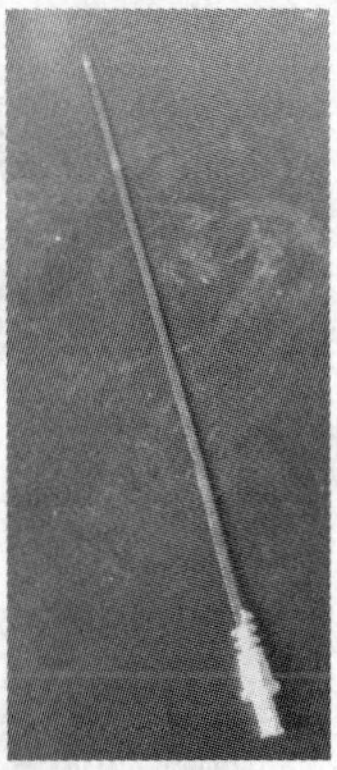

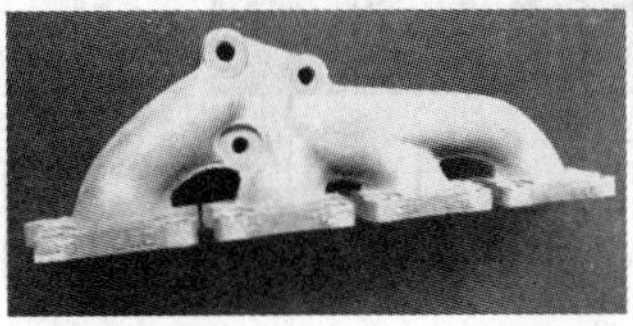  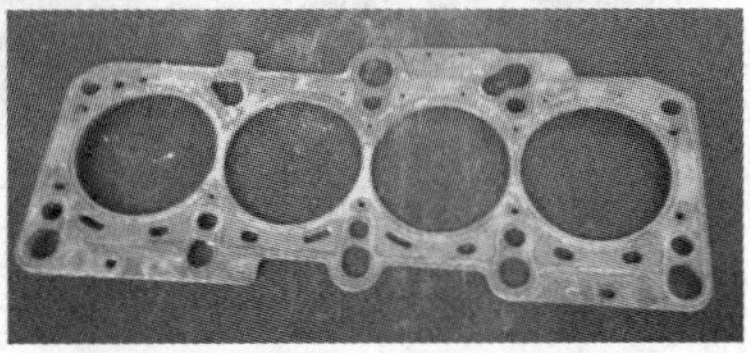

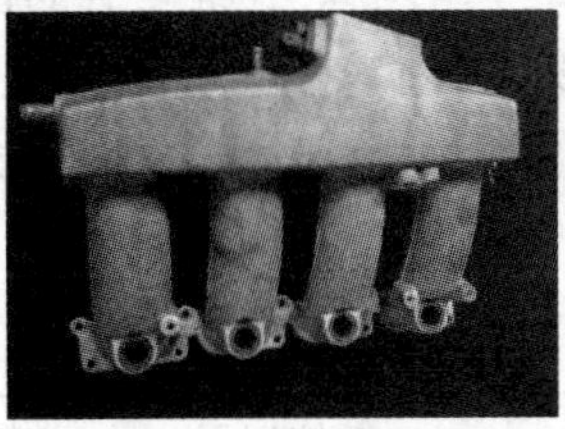   

   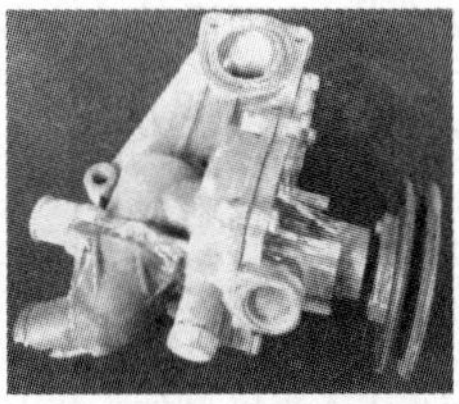

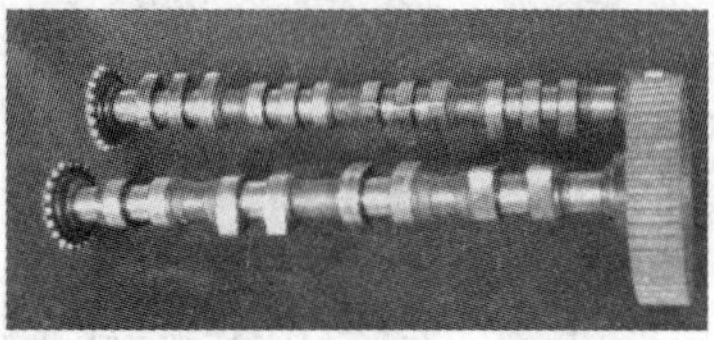

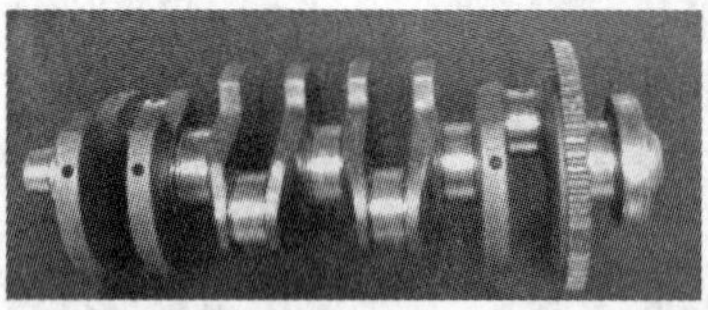

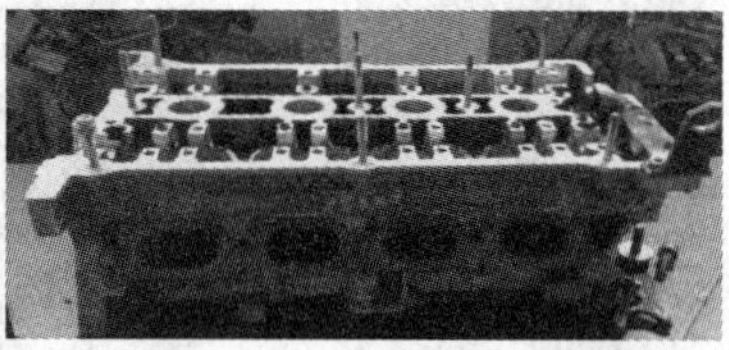

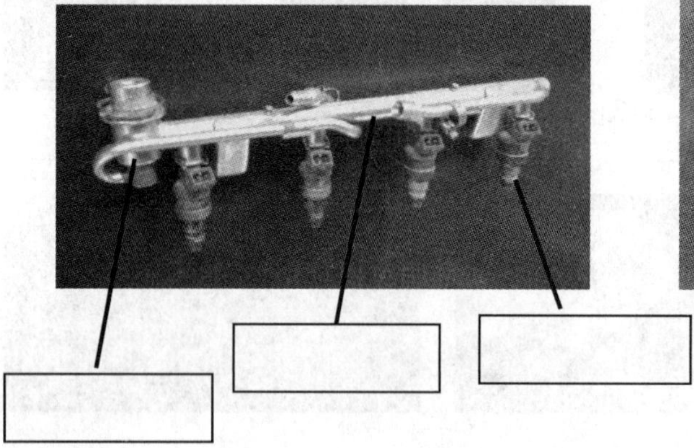

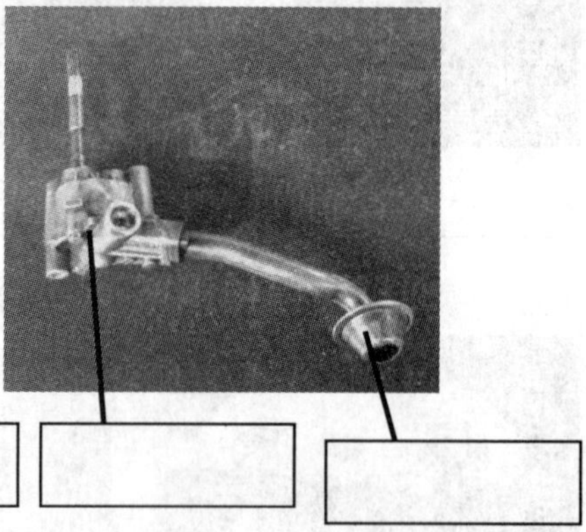

考核评价

本任务评价分四轮，第一轮：学生小组内一对一互评；第二轮：学生跨小组互评（全覆盖）；第三轮：老师考核（填写表单全覆盖、实物抽考40%以上）；第四轮：系部/学院考核（填写表单全覆盖、实物抽考占班级人数比例10%以上，抽考知识技能项目，其他考核分值参考任课老师的评价）。

评分表

序号	考核内容	配分	评分标准	考核记录	分数
1	知识技能	70	倒扣制：上述所有任务表单没错一处扣5分		
2	帮助同学	20	帮助同学		
3	学习能力	5	查阅资料的能力、完成质量及速度等		
4	情感态度	5	自我学习态度，与同学配合、服从意识等		
5	考核作弊		作弊每次扣15分		
6	分数总计	100			

任务1.3　汽车发动机外围件的拆装

提出任务

王先生的一辆桑塔纳轿车(装配AJR发动机)出现空调制冷效果不好的情况,经检查后怀疑是空调压缩机出了问题,你能帮助他把空调压缩机从整车上拆卸下来进行检查吗?

任务要求

知识要求

识别汽车发动机的外围件,能对照实物熟练说出对应外围件的名称。

能力要求

按维修规范熟练拆装AJR发动机的外围件。

知识准备

一、工具设备及资料准备

1. 设施设备:桑塔纳轿车AJR发动机、拆装台、零件车、工具车。
2. 拆装工具:高压线拔线钳、世达120件维修工具、桑塔纳轿车维修工具。
3. 资料准备:学习材料、多媒体课件、AJR发动机机械拆装维修手册、拆装视频、任务工单。

二、汽车发动机外围件结构的认知(图1-35所示)

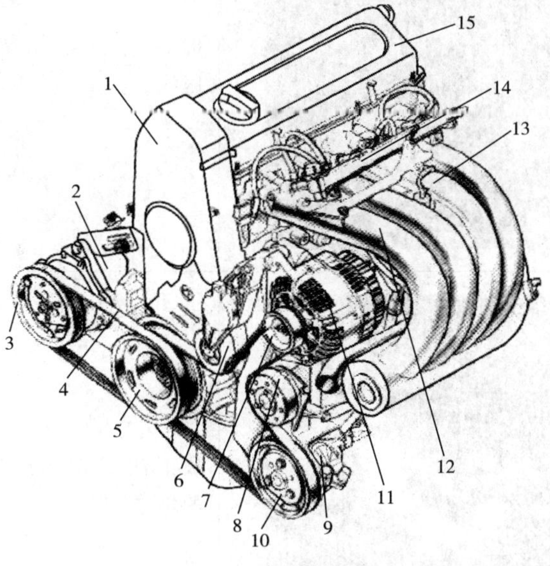

图1-35　桑塔纳轿车AJR发动机外围结构图

1—正时皮带上防护罩;2—空调压缩机;3—空调压缩机带轮;4—空调压缩机驱动皮带;5—曲轴带轮;6—发电机皮带张紧器;7—发电机带轮;8—导向轮;9—转向助力泵;10—转向助力泵带轮;11—发电机;12—进气歧管;13—机油尺;14—燃油分配管总成;15—汽缸盖罩

三、拆装注意事项及要求

(1)在拆装点火高压线的时候要用高压线拔线钳,不允许直接用手拔,并且在装回时各缸的点火高压线不能互换。

(2)在拆卸正时皮带前要先观察正时标记,并在皮带上做好旋转记号,皮带不要沾油,不要扭曲。

(3)调整配气正时,转动凸轮轴的时候,曲轴不应在上止点的位置,以防损坏气门和活塞。

(4)装配时,各紧固螺栓要按照规定的拧紧力矩拧紧,不允许松动或用蛮力拧死。

(5)严格按拆装顺序和要求进行操作,零部件和工具摆放适当区域并摆放整齐。

(6)坚持“三不落地”(油、水、物)和“四清洁”(手、零件、工具、场地)。

(7)各部件装复后,发动机应能正常运转。

任务实施

要求:按照表中步骤进行汽车发动机外围件的拆装,并结合维修手册完成表格中相关内容的填写。

发动机外围件的拆装

序号	操作流程图	拆装步骤	相关要素
1		拆卸各缸点火高压线	所用工具:______________________________ 注意点火高压线的安装顺序,各缸高压线______________互换
2		拔下油压调节器上的真空软管	

（续表）

序号	操作流程图	拆装步骤	相关要素
3	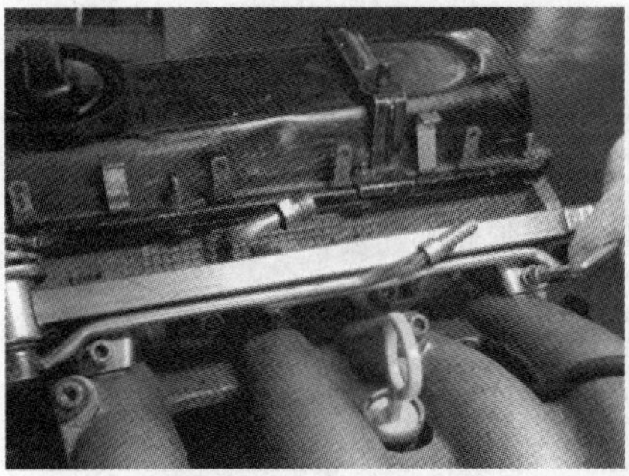	拆卸燃油分配管总成	所用工具： ______________ ______________ 安装喷油器时，应在下端的密封圈上抹一些__________，燃油分配管与进气歧管连接螺栓的拧紧力矩为______________ ______________
4		拆卸节气门体	所用工具： ______________ ______________ 连接螺栓的拧紧力矩为： ______________ ______________
5		拆卸发电机驱动皮带	所用的工具： ______________
6		拆卸发电机	所用工具： ______________ ______________

（续表）

序号	操作流程图	拆装步骤	相关要素
7		拆卸进气歧管	所用工具： ______ ______ 拧松螺栓顺序： ______ ______ 连接螺栓的拧紧力矩为： ______ ______
8	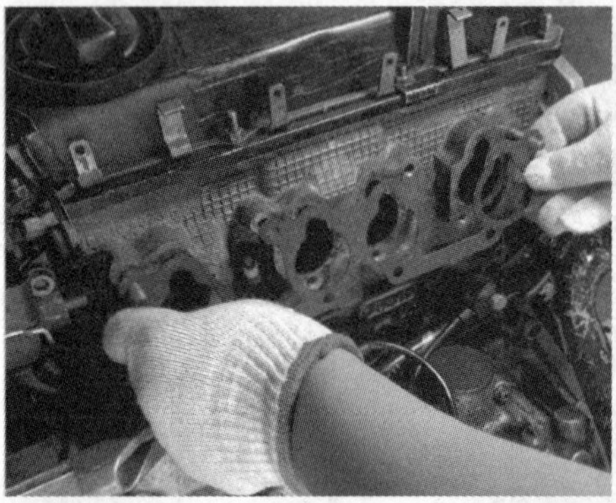	取下进气歧管衬垫	
9		拆卸排气歧管防护罩	所用工具： ______ ______
10		拆卸排气歧管	所用的工具： ______ ______ 拧松螺栓顺序： ______ ______ 连接螺栓的拧紧力矩为： ______ ______

（续表）

序号	操作流程图	拆装步骤	相关要素
11		取下排气歧管衬垫	
12		拆卸转向助力泵	所用的工具： ________ ________ 连接螺栓的拧紧力矩为： ________ ________
13		拆卸发电机支架	所用的工具： ________ ________ 连接螺栓的拧紧力矩为： ________ ________
14		拆卸空调压缩机	所用的工具： ________ ________

（续表）

序号	操作流程图	拆装步骤	相关要素
15	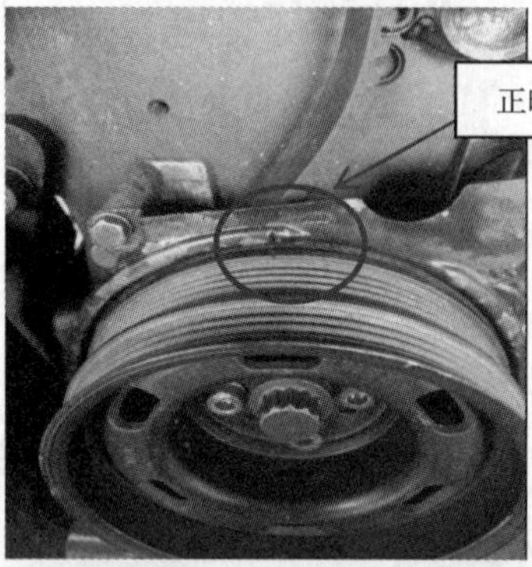	将曲轴转到一缸上止点位置	
16	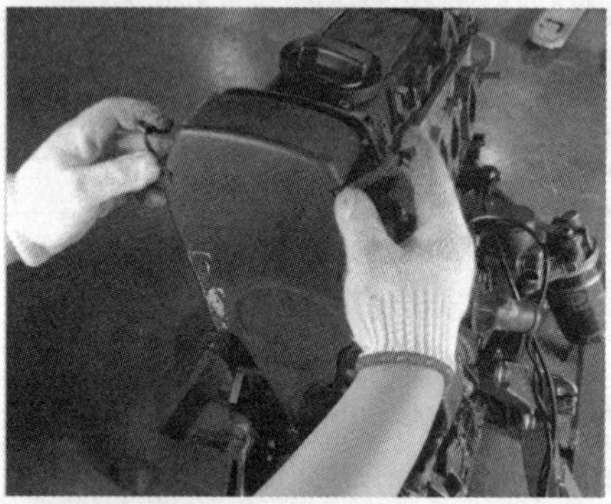	拆卸同步带的上防护罩	
17		对准同步标记	
18		拆卸同步带的中间防护罩	所用的工具： __________ __________ 紧固螺栓的拧紧力矩为： __________

（续表）

序号	操作流程图	拆装步骤	相关要素
19		拆卸曲轴带轮	所用的工具： ______ ______ 带轮紧固定螺栓的拧紧力矩为： ______
20		拆卸同步带的下防护罩	所用的工具： ______ ______ 紧固螺栓的拧紧力矩为： ______
21		在同步带上做好方向记号	
22		松开张紧轮，卸下同步带	所用的工具： ______ ______ 张紧轮上锁紧螺母的拧紧力矩为： ______ ______

发动机外围件拆装考核表

考核时间	序号	项目	配分	评分标准	得分
发动机外围件的拆装用时 30min	1	前期准备	5	酌情扣分	
	2	拆卸各缸点火高压线	4	未正确拆卸扣 4 分	
	3	拔下油压调节器上的真空软管	2	未正确拆卸扣 2 分	
	4	拆卸燃油分配管总成	4	未正确拆卸扣 4 分	
	5	拆卸节气门体	4	未正确拆卸扣 4 分	
	6	拆卸发电机驱动皮带	2	未正确拆卸扣 2 分	
	7	拆卸发动机	2	未正确拆卸扣 2 分	
	8	拆卸进气歧管	4	酌情扣分	
	9	取下进气歧管衬垫	2	未正确拆卸扣 2 分	
	10	拆卸排气管防护罩	2	未正确拆卸扣 2 分	
	11	拆卸排气歧管	4	未正确拆卸扣 4 分	
	12	取下排气歧管衬垫	2	未正确拆卸扣 2 分	
	13	拆卸转向助力泵	2	未正确拆卸扣 2 分	
	14	拆卸发电机支架	2	未正确拆卸扣 2 分	
	15	对准曲轴正时标记	2	未对记号扣 2 分	
	16	拆卸同步带的上防护罩	2	未正确拆卸扣 2 分	
	17	对准凸轮轴正时标记	2	未对记号扣 2 分	
	18	拆卸同步带的中间防护罩	4	未正确拆卸扣 4 分	
	19	拆卸曲轴皮带轮	4	未正确拆卸扣 4 分	
	20	拆卸同步带的下防护罩	2	未正确拆卸扣 2 分	
	21	在同步带上做好方向记号	4	未正确拆卸扣 4 分	
	22	松开张紧轮，卸下同步带	4	未正确拆卸扣 4 分	
	23	按照相反步骤装复外围件	30	对照拆卸步骤扣分，正时没有对好直接扣 10 分	
	24	“7S”场地整理	5	酌情扣分	

总评表

序号	日常表现项目	配分	评分标准	分数
1	目标达成率	60 分	工作页填写(20%)＋拆装技能(40%)	
2	课堂准备情况	10 分	是否做到三带(笔、记录本、课本)，一穿(实训服)。 A. 按要求做到(10 分) B. 未按要求做到每次扣 2 分	

（续表）

序号	日常表现项目	配分	评分标准	分数
3	课堂纪律	20分	A. 无违纪情况(20分) B. 有违纪情况(视情况扣分) 随便说话、扰乱秩序(每次－3) 上课伏案(每次－2)、勾肩搭背(每次－2)、实训窜组(每次－2)、上课打闹(每次－5)、允许倒扣	
4	“7S”素养	10分	A. 按要求做到位(10分) B. 未做到位(视情况扣分) 座位有垃圾(－2)、桌面凌乱(－2)、未穿实训服(－2)、违反安全操作(－10)、工位整理不到位(－3)、允许倒扣	
总分				

项目二　汽车发动机配气机构的拆装与检修

任务 2.1　汽车发动机配气机构的认知

提出任务

人类呼吸靠着呼吸系统，那么汽车发动机的正常运转又是靠着什么系统或者机构呢？今天我们将学习汽车发动机的配气机构，来探索“发动机呼吸”的奥秘。

任务要求

知识要求

1. 识别配气机构的类型。
2. 识别配气机构的组成。
3. 识别配气机构主要部件实物及其结构特征。
4. 能说出配气相位的定义及内容，了解可变气门正时。

能力要求

能叙述汽车发动机配气机构的类型、组成及主要部件实物及其结构特征，并能说出配气相位的定义及内容，了解可变气门正时。

知识准备

一、配气机构的功用和组成

配气机构的功用是按照发动机每一个汽缸内所进行的工作循环或点火次序的要求，定时开启和关闭各汽缸的进气门、排气门，使新鲜可燃混合气（汽油机）或空气（柴油机）得以及时进入汽缸，废气得以及时从汽缸中排出。进入汽缸内的可燃混合气或空气对发动机性能的影响很大。进气量越多，发动机的转矩越大、功率越高。

配气机构如图 2－1 所示，由气门组和气门传动组组成。气门组包括气门、气门座、气门导管和气门弹簧等部件。气门传动组主要包括排气凸轮轴、排气凸轮轴带轮、正时皮带、皮带张紧轮、液压挺柱等部件。

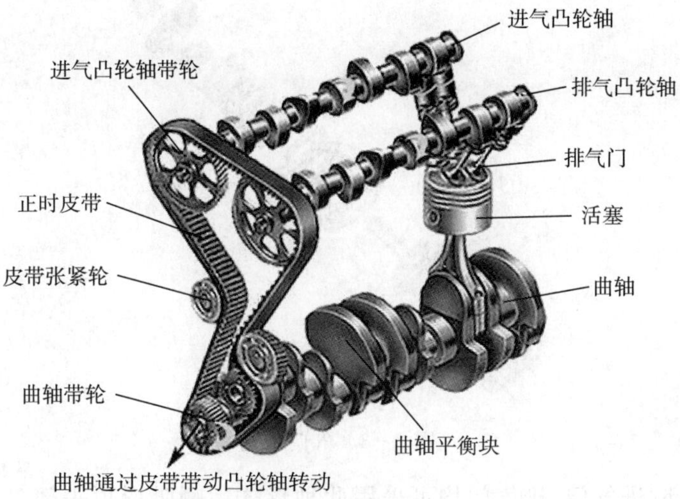

图 2-1　配气机构

二、配气机构主要部件的构造

1. 气门组

气门及其相关零件称之为气门组，气门组的作用是实现汽缸的密封。标准型气门组如图 2-2 所示。

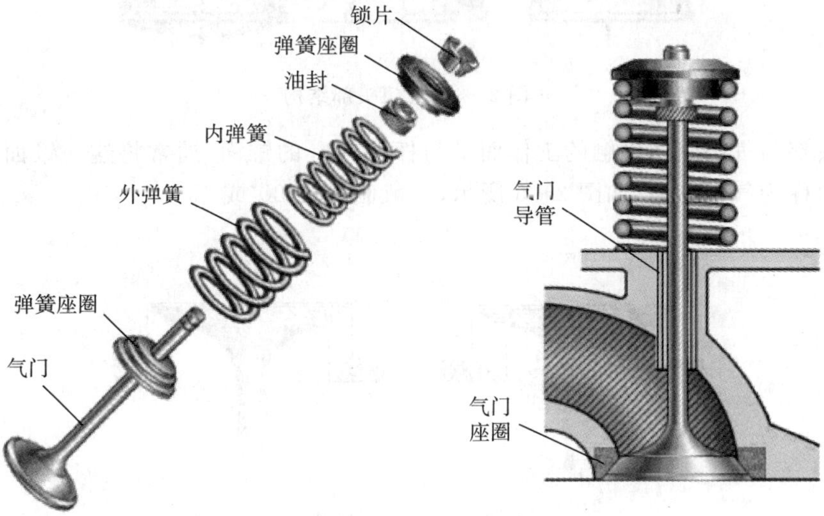

图 2-2　标准型气门组

1)气门

(1)气门结构。气门的功用是与气门座相配合，对汽缸进行密封。气门由头部和杆部两部分组成(图 2-3)，头部用来封闭汽缸的进、排气道，杆部用来为气门的运动起导向作用。

① 气门头部。气门头部的形状有平顶、喇叭形顶和球面顶，如图 2-4 所示。使用最多

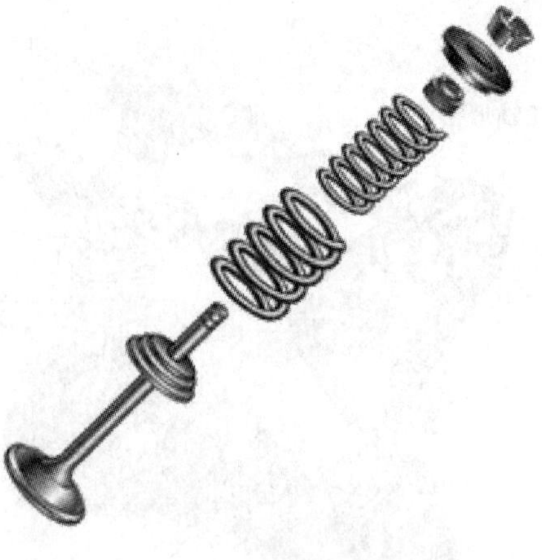

图 2-3　气门结构

的是平顶气门头部，进气门、排气门均可采用此种形式。喇叭形顶头部多用于进气门，球面顶气门头部适用于排气门。

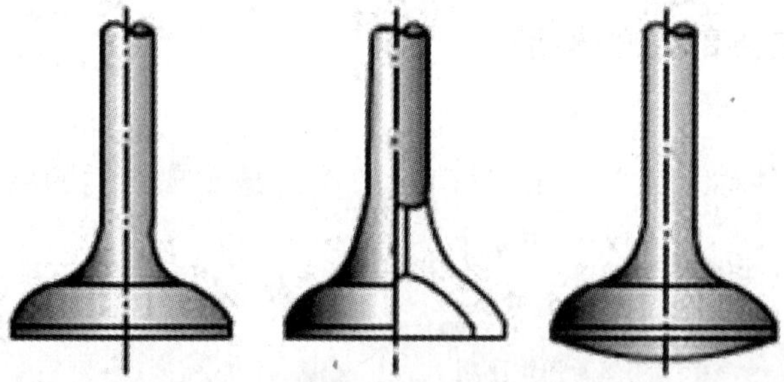

图 2-4　气门头部结构

气门头部与气门座圈接触的工作面是与杆部同心的锥面，通常将这一锥面与气门顶部平面的夹角称为气门锥角，如图 2-5 所示，一般制作成 30°或 45°。

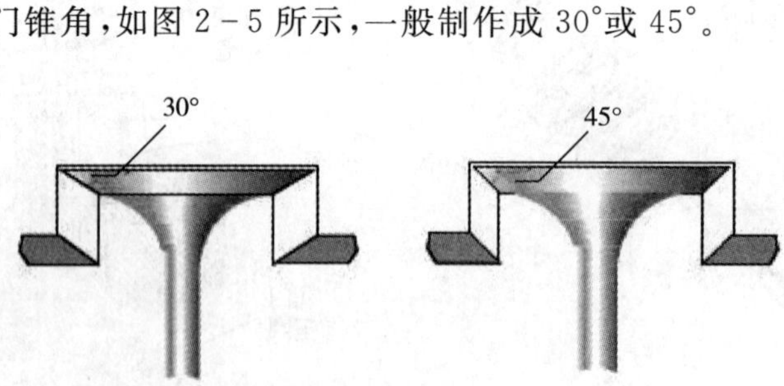

图 2-5　气门锥角

② 气门杆。气门杆是圆柱形，在气门导管中不断做上下往复运动。气门杆尾部结构取决于气门弹簧座的固定方式，常见的结构形式如图 2-6 所示。

(2)气门数。在短时间内是否能够将尽量多的气体吸入或排出，在很大程度上影响着发动机的整体性能。从气门在有限的燃烧室表面积中所占的面积来看，与具有两个气门的汽缸相比，进气门、排气门越多，则气门面积之和就越大，进气、排气效率越高，而且可以使单个

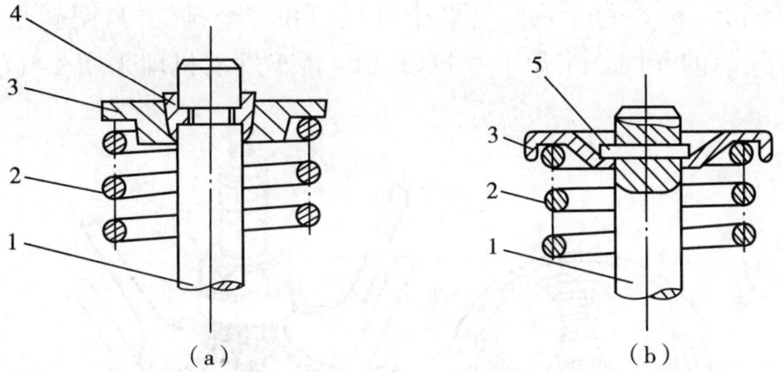

图 2-6　气门弹簧座的固定方式

1—气门杆；2—气门弹簧；3—弹簧座；4—锁片；5—锁销

气门的体积减小、质量减轻。但气门数越多，其结构越复杂，成本越高。

① 2 气门式（图 2-7）。每个汽缸采用一个进气门和一个排气门，一般进气门比排气门大些。桑塔纳 2000 GSi 轿车 AJR 发动机即采用此种形式。

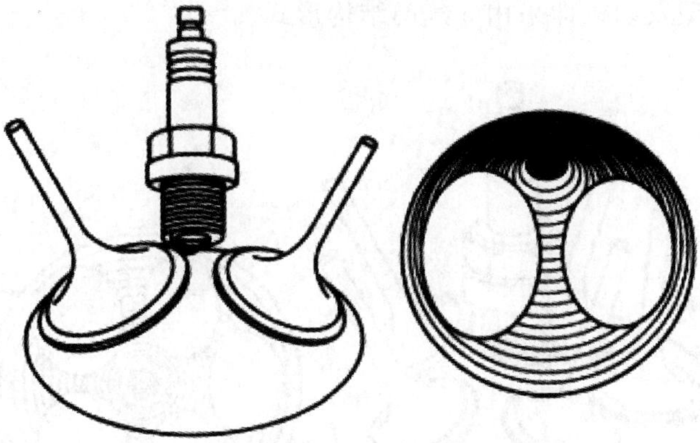

图 2-7　2 气门式的结构形式

② 3 气门式（图 2-8）。每个汽缸有 2 个进气门和 1 个排气门，排气门大对排出高温气有利，能提高发动机排气性能。

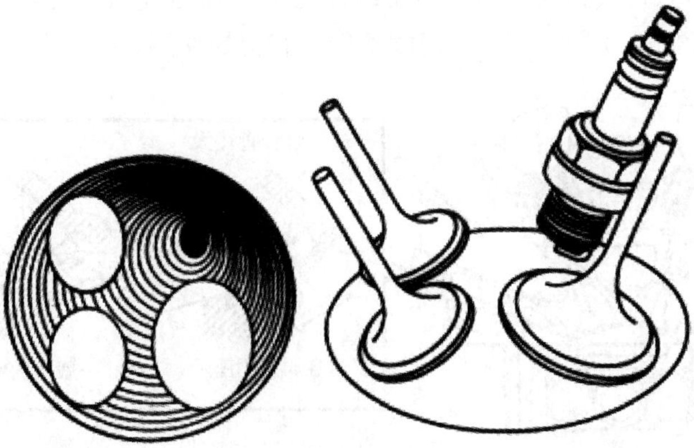

图 2-8　3 气门式的结构形式

③ 4 气门式(图 2－9)。每个汽缸有 2 个进气门和 2 个排气门,两套凸轮轴装置分别控制一组进气门、排气门的开闭。丰田卡罗拉(1.6L)轿车发动机即采用 4 气门结构形式。

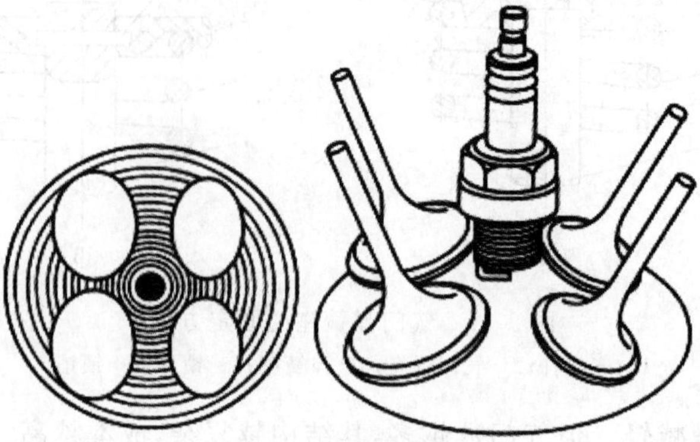

图 2－9　4 气门式的结构形式

④ 5 气门式(图 2－10)。每个汽缸有 3 个进气门和 2 个排气门,并以梅花形状分布。捷达王轿车 EA113 型发动机即采用 5 气门结构形式。

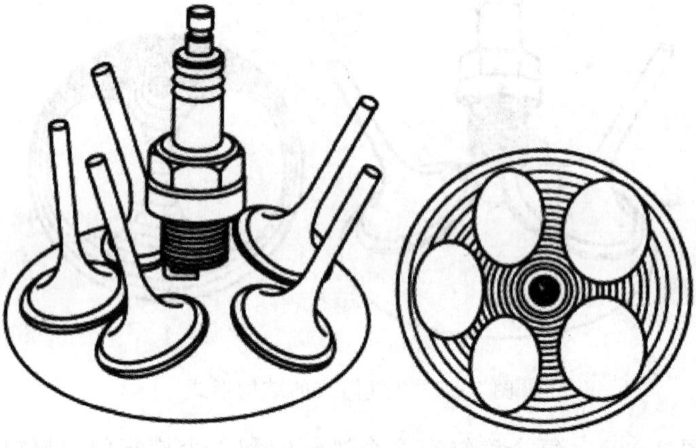

图 2－10　5 气门式的结构形式

汽缸盖上的进气道、排气道与气门锥面相结合的部位称为气门座(图 2－11),气门座的锥角和气门锥角相同,一般也是 30°或 45°。气门座不仅具有密封作用,还起到了冷却气门的作用。

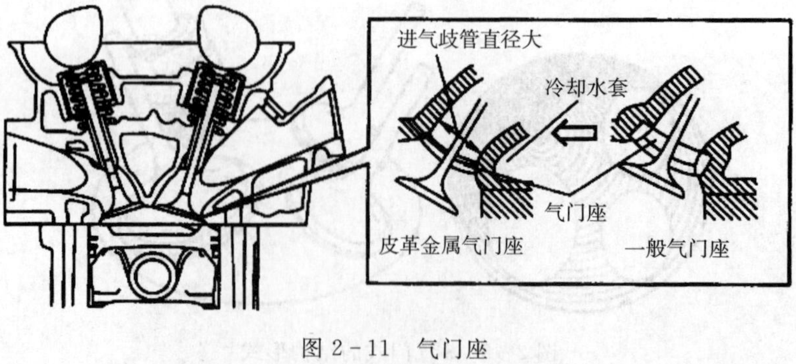

图 2－11　气门座

2)气门导管

气门导管(图 2－12)的功用是为气门的运动导向,保证气门做直线往复运动,使气门与气门座能正确贴合。气门杆与气门导管之间一般留有 0.05～0.12mm 的间隙,使气门杆能在导管中自由运动。

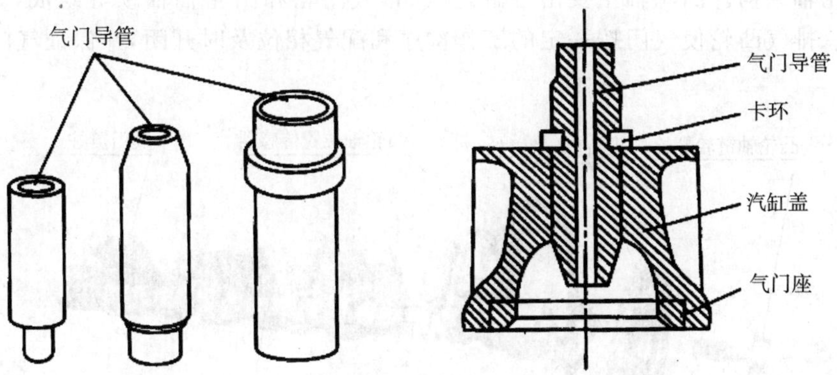

图 2－12　气门导管

3)气门弹簧

气门弹簧的功用是保证气门及时落座并与气门座或气门座圈紧密贴合,同时也可防止气门在发动机振动时因跳动而破坏密封。

气门弹簧多为圆柱形螺旋弹簧,如图 2－13(a)所示。安装时,气门弹簧的一端支撑在汽缸盖上,而另一端则压靠在气门杆尾端的弹簧座上,弹簧座用锁片固定在气门杆的末端。为了防止弹簧发生共振,可采用变螺距的圆柱形弹簧,如图 2－13(b)所示。大多数高速发动机采用一个气门装有同心安装的内外两根气门弹簧,如图 2－13(c)所示,这样不但可以防止共振,而且当一根弹簧折断时,另一根仍可维持工作。此外,装用两根气门弹簧还能减小气门弹簧的高度。当装用两根气门弹簧时,气门弹簧的螺旋方向和螺距应各不相同,这样可以防止折断的弹簧圈卡入另一个弹簧圈内。

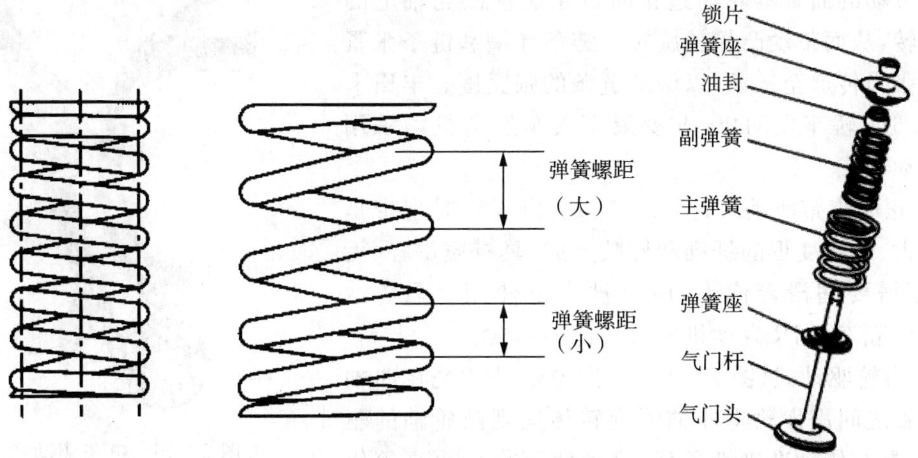

（a）圆柱形螺旋弹簧　（b）变螺距的圆柱形弹簧　（c）双气门弹簧

图 2－13　气门弹簧

2. 气门传动组

气门传动组的作用是使气门按发动机配气相位规定的时刻及时开闭，并保证规定的开启时间和开启高度。由于配气机构的布置形式多样，气门传动组的差别也很大。

1)凸轮轴

(1)凸轮轴结构。凸轮轴主要由各缸进气、排气凸轮和凸轮轴轴颈等组成，如图 2－14 所示。进气、排气凸轮使气门按一定的工作次序和配气相位及时开闭，并保证气门有足够的升程。

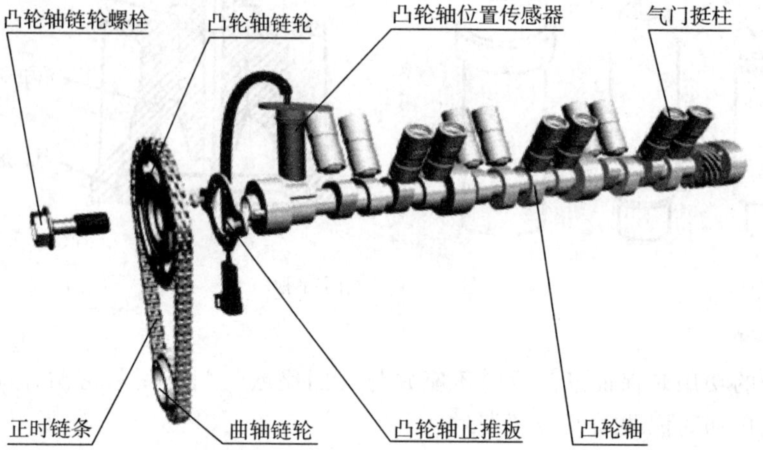

图 2－14　凸轮轴的结构

(2)凸轮轴驱动方式。凸轮轴的旋转是依靠曲轴带动的，一般采用链条驱动式或正时齿带驱动式，特殊的赛车用发动机使用的是正时齿轮驱动式。

① 链条驱动式(图 2－15)。凸轮轴位于汽缸盖上，由曲轴带动的曲轴链轮通过正时链条驱动凸轮轴上的链轮旋转，从而带动凸轮轴旋转。链条导槽和链条张紧装置将张力传递至链条，以调节链条的张紧度。丰田卡罗拉(1.6L)轿车发动机、五菱荣光汽车发动机均采用链条驱动形式。

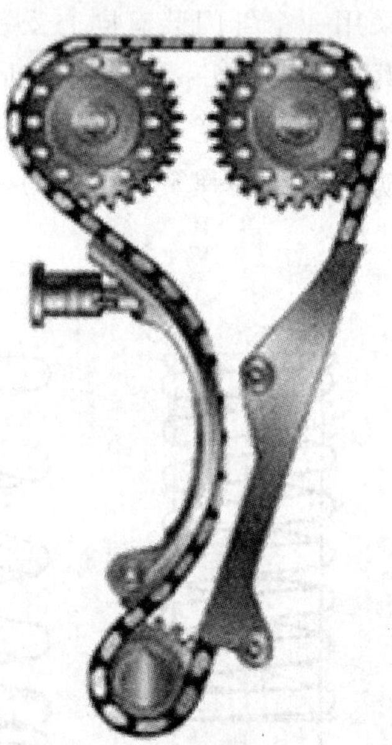

图 2－15　链条驱动式

② 正时齿带驱动式(图 2－16)。由于正时齿带是由强度大、不易变形的纤维和橡胶制成，具有质量轻、无噪声，不需要润滑等优点，所以被广泛使用。桑塔纳 2000 GSi 轿车 AJR 发动机即采用此种形式。

③ 齿轮驱动式(图 2－17)。齿轮驱动式是在曲轴和凸轮轴之间用齿轮将曲轴的旋转传递到凸轮轴的驱动形式，具有传动准确性更优、高速时可靠性更高等优点，但制造精度高、成本高，现在仅限于赛车使用的发动机。

图 2-16　正时齿带驱动式

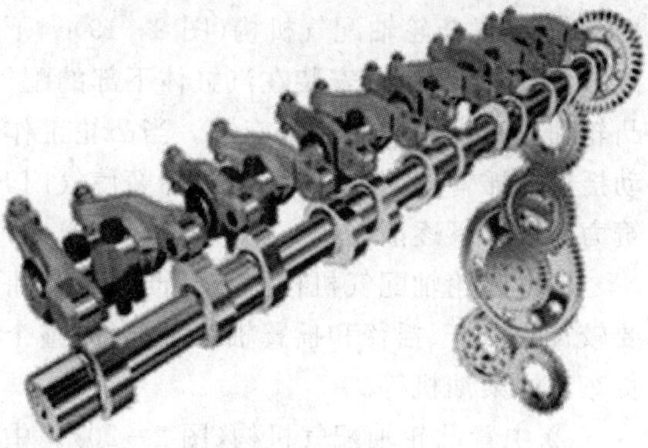

图 2-17　齿轮驱动式

④ 辅助齿轮驱动式(图 2-18)。汽缸盖上一侧的凸轮轴由曲轴通过一根链条或一根正时齿带来驱动,另一侧的凸轮轴由安装在凸轮轴上的齿轮来驱动,这种方式称为辅助齿轮驱动式。

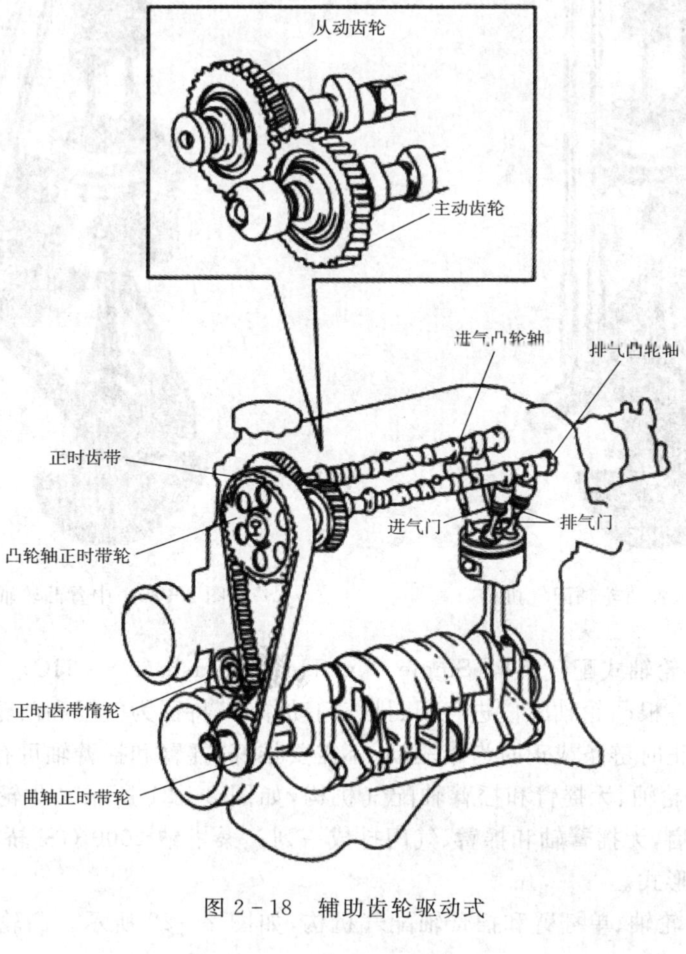

图 2-18　辅助齿轮驱动式

(3)凸轮轴安装位置与配气机构类型。根据凸轮轴安装位置的不同,可将配气机构分成以下 4 种类型。

① 下置凸轮轴配气机构(图 2-19)。下置凸轮轴配气机构是指进气门、排气门安装在汽缸盖上,而凸轮轴安装在汽缸体下部的配气机构。发动机工作时,曲轴通过正时齿轮驱动凸轮轴正时齿轮和凸轮轴旋转。当凸轮工作段顶起挺柱时,经推杆和气门间隙调整螺钉推动摇臂绕摇臂轴摆动,压缩气门弹簧使气门开启。当凸轮工作段离开挺柱时,气门在气门弹簧力的作用下逐渐关闭。

下置凸轮轴配气机构特点是凸轮轴与曲轴位置靠近,可以简单地用一对齿轮传动,但需要较长的推杆、摇臂和摇臂轴等零部件,整个机构的刚度差。多用于转速较低的发动机,如货车用的柴油机等。

② 中置凸轮轴配气机构(图 2-20)。中置凸轮轴配气机构是指进气门、排气门安装在汽缸盖上,而凸轮轴安装在汽缸体中上部的配气机构。中置凸轮轴配气机构的凸轮轴一般采用链条传动或正时齿带传动,采用短推杆或省去推杆,但需要摇臂和摇臂轴。

图 2-19　下置凸轮轴配气机构

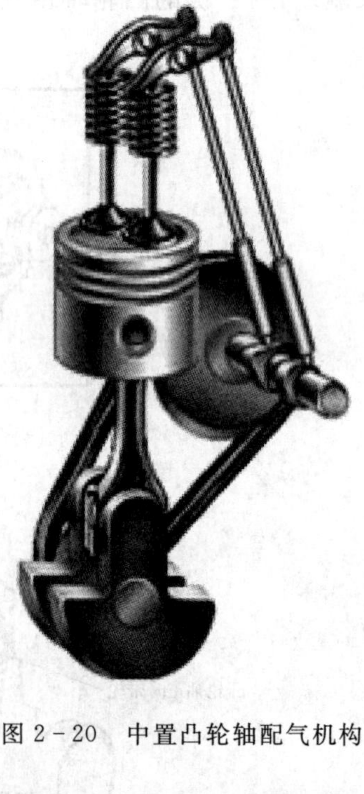

图 2-20　中置凸轮轴配气机构

③ 单顶置凸轮轴式配气机构(Single · ver Head Camshaft,S · HC)。单顶置凸轮轴式配气机构是通过一根凸轮轴驱使进气门、排气门动作,其特征为气门和凸轮轴都设置在汽缸盖上。凸轮轴由正时链条或正时齿带驱动,不需要推杆,摇臂和摇臂轴可有可无。

a. 单顶置凸轮轴、无摇臂和摇臂轴配气机构,如图 2-21 所示。凸轮轴通过液压挺柱直接驱动气门开启,无摇臂轴和摇臂、气门排成一列。桑塔纳 2000 GSi 轿车 AJR 发动机配气机构即为此种形式。

b. 单顶置凸轮轴、单摇臂和摇臂轴配气机构,如图 2-22 所示。凸轮轴通过摇臂直接

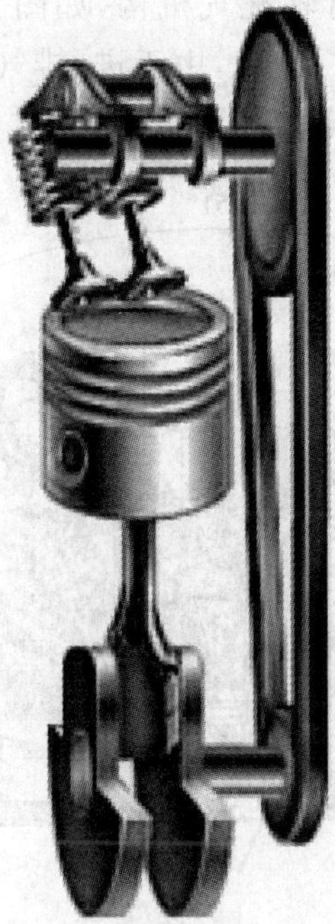

图 2-21　单顶置凸轮轴、无摇臂和摇臂轴配气机构

驱动气门开启，气门排成两列。通常，在发动机冷态装配时，在气门与其传动机构中，留有适当的间隙，以补偿气门受热后的膨胀量，这一预留间隙通常称为气门间隙。为了能够检查与调整气门间隙，一般在摇臂（或挺柱）上装有调整螺栓及其锁紧螺母。

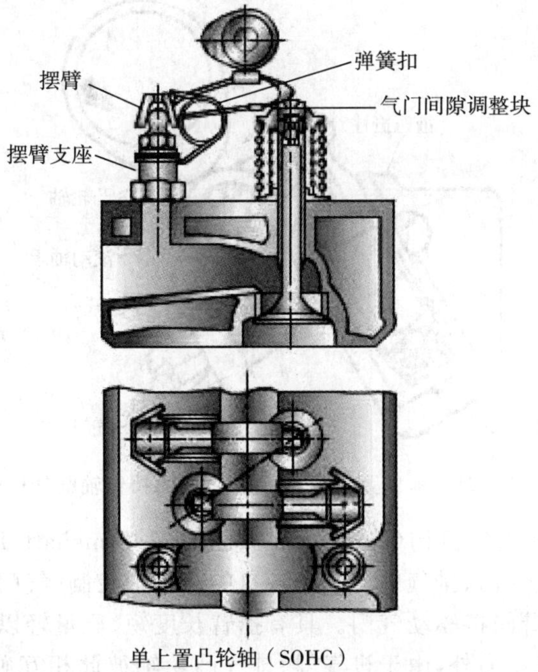

图 2-22　单顶置凸轮轴、单摇臂和摇臂轴配气机构

c. 单顶置凸轮轴、双摇臂和摇臂轴配气机构，如图 2 - 23 所示。凸轮轴分别通过进气摇臂和排气摇臂驱动进气门和排气门开启，由于进、排气门排成两列，所以驱动进、排气门的进气摇臂和排气摇臂分别安装在各自的摇臂轴上。

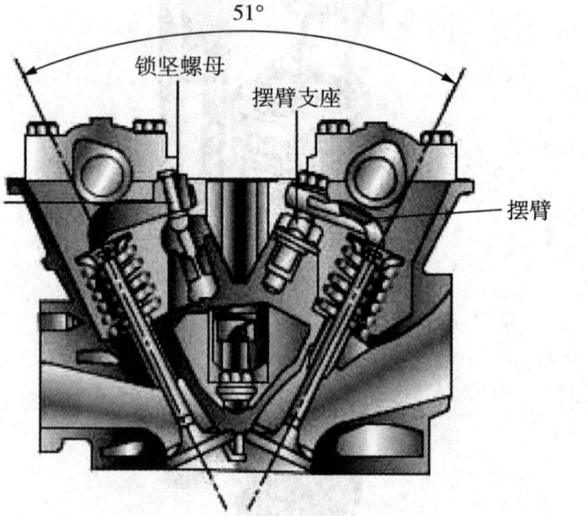

图 2 - 23 单顶置凸轮轴、双摇臂和摇臂轴配气机构

d. 单顶置凸轮轴、有摇臂而无摇臂轴配气机构，如图 2 - 24 所示。凸轮轴位于摇臂上方，采用浮动式摇臂（只有摇臂而无摇臂轴），在摇臂上设有滚动轴承；摇臂与液压挺柱采用球面接触，并作为摇臂摆转的支点，气门排成一列。液压挺柱可以自动调整气门间隙（使气门间隙为 0），减少了噪声，但结构复杂。

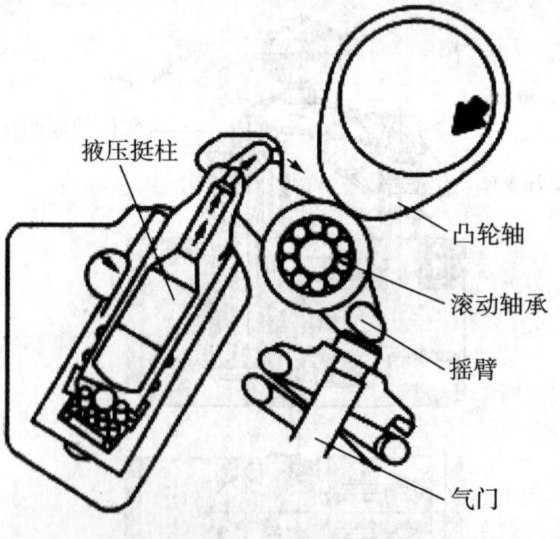

图 2 - 24 单顶置凸轮轴、有摇臂而无摇臂轴配气机构

④ 双顶置凸轮轴式配气机构（D · uble · ver Head Camshaft，D · HC），如图 2 - 25 所示。双顶置凸轮轴式进气门、排气门分别由各自的凸轮轴控制（气门排成两列），凸轮轴直接驱动气门，也可通过擂臂间接驱动气门。具有摇臂长度短、质量轻以及驱动气门的相关部件易于适应高转速等优点。另外，由于进气门、排气凸轮轴彼此相互独立，增大了气门配置的自由度，火花塞可以设置在两根凸轮轴之间，即燃烧室的正中央。丰田卡罗拉（1.6L）轿车

发动机的配气机构即为此种形式。

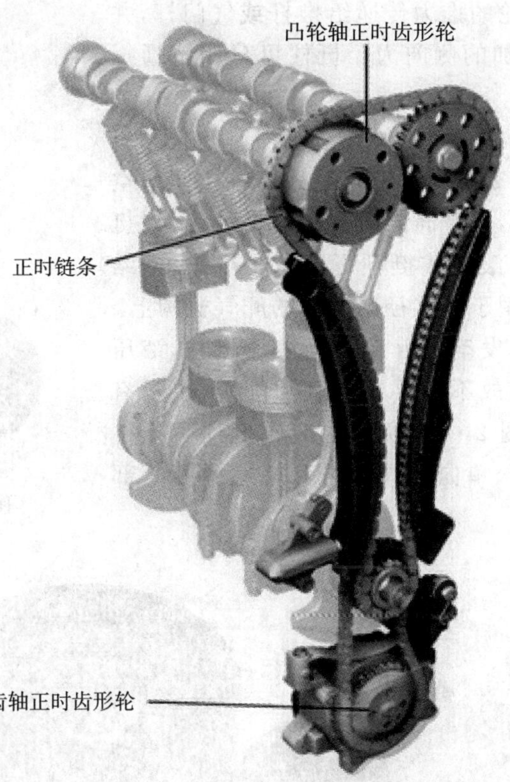

图 2-25　双顶置凸轮轴式配气机构(D·HC)

(4)凸轮轴正时定位。如采用一对正时齿轮传动,小齿轮和大齿轮分别用键安装在曲轴和凸轮轴的前端,其传动比为 2∶1。在装配曲轴和凸轮轴时,必须将齿轮正时标记对准,如图 2-26 所示,以保证正确的配气相位和点火时刻。

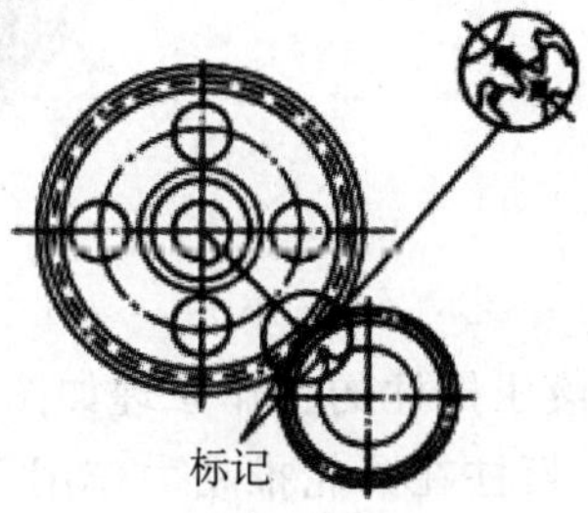

图 2-26　汽油机正时齿轮机构

凸轮轴上置式发动机的正时记号通常有两处,一处为曲轴正时记号,另一处为凸轮轴正时记号。安装时,两处都必须对正,如图 2-27、图 2-28 所示。

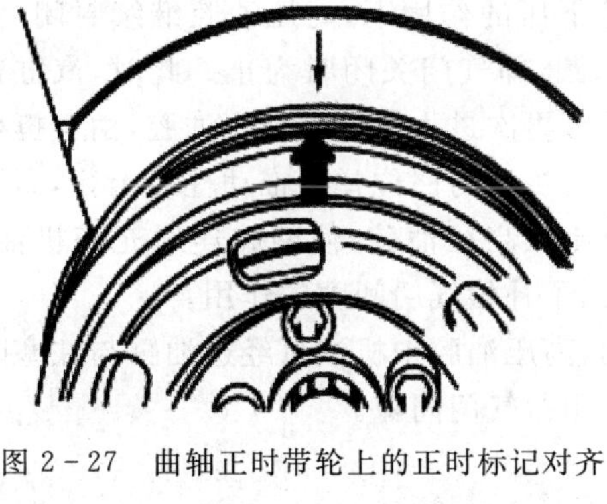

图 2-27　曲轴正时带轮上的正时标记对齐

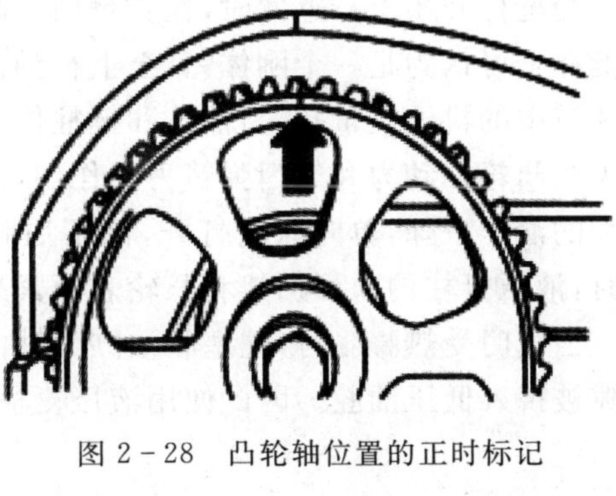

图 2-28　凸轮轴位置的正时标记

2)挺柱

挺柱的作用是将凸轮的推力传递给推杆或气门杆，并承受凸轮轴旋转时所施加的侧向力。挺柱可分为普通挺柱和液压挺柱两种。

(1)普通挺柱。配气机构采用的普通挺柱有筒式和滚轮式两种结构形式，如图 2 - 29 所示。筒式挺柱中间为空心，在挺柱圆周钻有通孔，便于筒内收集的机油流出，对挺柱底面及凸轮加以润滑；滚轮式挺柱可以减少磨损，但结构较复杂、质量较大，多用于大缸径柴油机的配气机构上。

(2)液压挺柱。轿车发动机普遍采用液压挺柱，液压挺柱的长度能自动调整，故不需要预留气门间隙，也没有气门间隙调整装置，如图 2 - 30 所示。液压挺柱由挺柱体、油缸、柱塞、单向球阀、单向球阀弹簧和柱塞弹簧等部件组成。

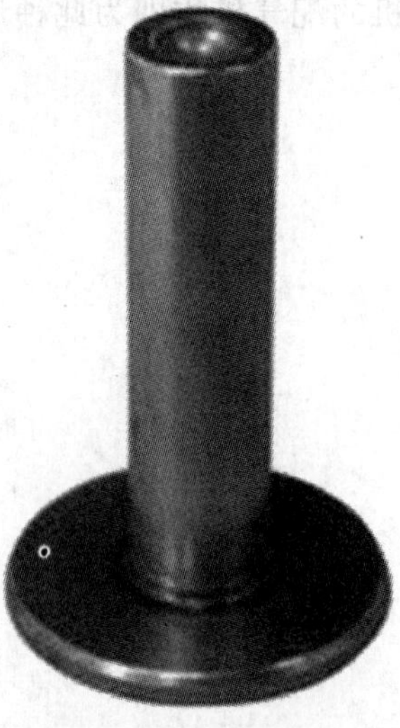

图 2 - 29　普通挺柱

图 2 - 30　液压挺柱

液压挺柱的工作原理如图 2 - 31 所示。当凸轮轴转动，凸轮的凸起部分与挺柱顶面接触时，挺柱在凸轮推动力作用下向下移动，高压腔内的机油被压缩，单向球阀在压力差和单向球阀弹簧的作用下关闭，高低压油腔被分隔开。由于液体的不可压缩性，整个挺柱如同一个刚体一样下移，推开气门并保证气门升程。

当挺柱开始上行返回时，在弹簧向上顶压和凸轮下压的作用下，高压油腔继续封闭，液压挺柱仍可认为是一个刚体，直至上行到凸轮处于基圆，即气门关闭时为止。此时，汽缸盖主油道中的机油经量孔、斜油孔和挺柱体上的环形油槽再次进入挺柱的低压油腔，由于挺柱不再受凸轮推动力和气门弹簧力的作用，高压油腔中的机油与回位弹簧推动柱塞上行，高压油腔的油压下降，单向球阀打开，低压油腔中的机油流入高压油腔，使两腔连通充满机油。这时，液压挺柱的顶面仍然和凸轮表面紧贴，从而起到了补偿气门间隙的作用。

当气门受热膨胀时，柱塞和油缸做轴向相对运动，高压油腔中机油可经过油缸与柱塞间缝隙被挤入低压油腔。因此使用液压挺柱时，可以不预留气门间隙。

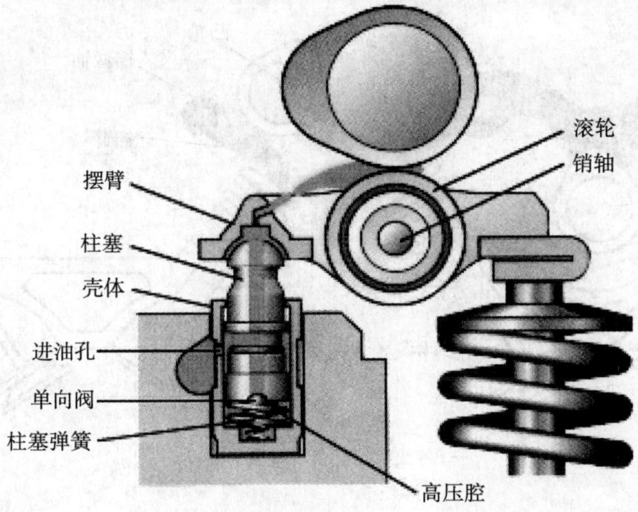

图 2-31　液压挺柱的工作原理

3)推杆

在凸轮轴下置式或中置式的配气机构中，凸轮轴经挺柱传来的运动和作用力要通过推杆传递给摇臂。推杆可采用实心，也可以采用空心。推杆的结构形式如图 2-32 所示。

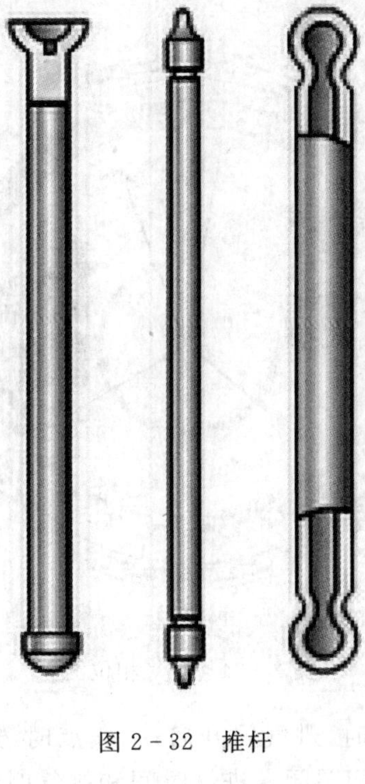

图 2-32　推杆

4)摇臂

摇臂的功用是将凸轮轴(或推杆)传来的力作用到气门杆尾部，从而推开气门。摇臂实际上是利用杠杆原理工作的，单顶置和双顶置凸轮轴式配气机构的不同之处在于摇臂轴位置不同，如图 2-33 所示。

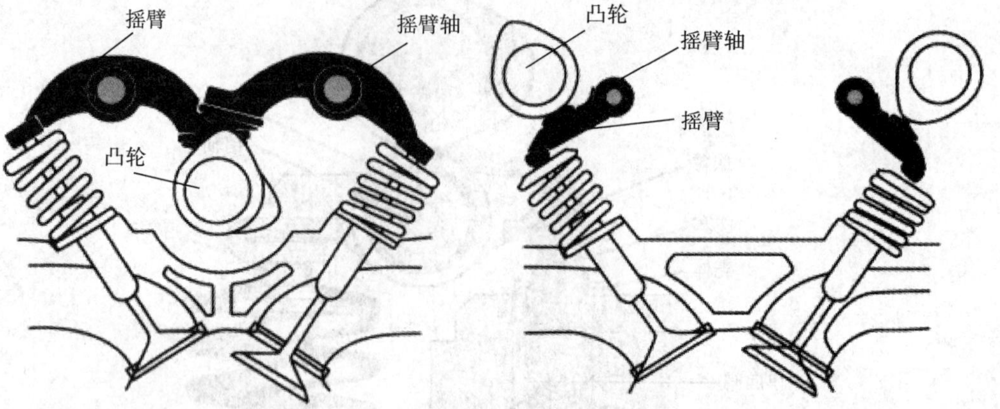

图 2-33　摇臂

三、配气相位及可变的配气相位

1. 配气相位

用曲轴转角表示的进气门、排气门实际开闭时刻和开启持续时间，称为配气相位。通常用相对于上下止点曲拐位置的曲轴转角的环形图来表示，这种图形称为配气相位图，如图 2-34 所示。

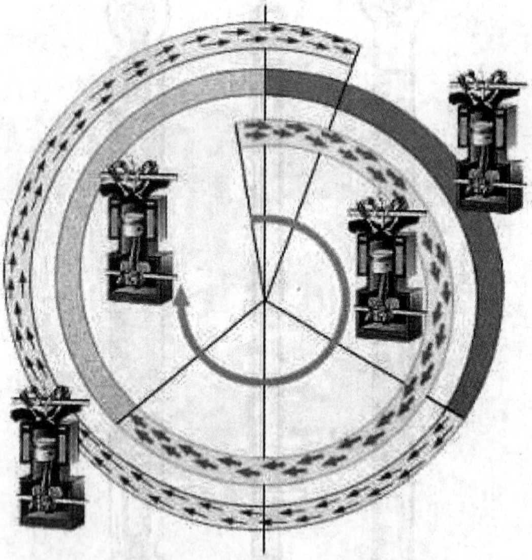

图 2-34　配气相位图

理论上，当曲拐处在上止点时，进气门开启；下止点时，进气门关闭。当曲拐在下止点时，排气门开启；上止点时，排气门关闭。进气时间和排气时间各占 180°曲轴转角。但实际上发动机转速很高，活塞每一行程历时相当短，短的时间势必会造成进气不足和排气不净，从而使发动机功率下降。因此，现代发动机都采取延长进排气时间的方法。

(1)进气门早开和晚关。在排气行程接近终了，活塞到达上止点之前，进气门便开始开启，直到活塞越过了下止点以后，进气门才关闭。进气门提前开启的目的：为了保证进气行程开始时进气门已开大，减小进气阻力，新鲜气体能顺利地充入汽缸。进气门迟后关闭目的：由于活塞到达下止点时，汽缸内压力仍低于大气压力，且气流还有相当大的惯性，可以利用气流惯性和压力差继续进气。

(2)排气门早开和晚关。在做功行程接近终了，活塞到达下止点之前，排气门便开始开启。直到活塞越过上止点后，排气门才关闭。排气门提前开启的目的：当做功行程活塞接近下止点时，汽缸内的气体压力对做功的作用已经不大，但仍比大气压力高，可利用此压力使汽缸内的废气迅速地自由排出。排气门迟后关闭的目的：由于活塞到达上止点时，汽缸内的残余废气压力高于大气压力，加之排气时气流有一定的惯性，因此仍可以利用气流惯性和压力差把废气排放得更干净。

(3)气门叠开。由于进气门在上止点前即开启，而排气门在上止点后才关闭，这就出现了在一段时间内，进气门、排气门同时开启的现象，这种现象称为气门叠开。由于新鲜气流和废气流的流动惯性都比较大，在短时间内是不会改变流向的，因此只要气门叠开角选择适当，就不会有废气倒流入进气管和新鲜气体随同废气排出的可能性。

2. 可变配气相位

现代发动机有些具有可变的配气相位，进气门的开启和关闭时间可被调节。发动机转速高时，增大进气门的升程，提前开启和延迟关闭进气门，提高发动机的功率；发动机转速低时，减少进气门的升程，延迟开启和提前关闭进气门，提高发动机的转矩，以满足发动机对经济性、稳定性和减少排放污染物的要求。

奥迪 A6、上海帕萨特 B5 轿车装备的 ANQ5 发动机可变气门正时机构的结构如图 2-35 所示。它有 3 个进气门，排列位置错开，打开的时间也不同(中间的气门先打开)，使发动机吸入的新鲜空气产生旋涡，加速和优化混合气的雾化，提高发动机的功率和转矩。

图 2-35　ANQ5 发动机配气机构

曲轴通过齿带首先驱动排气凸轮轴旋转，排气凸轮轴通过链条驱动进气凸轮轴旋转，两轴之间设置有一个凸轮轴调整器，在内部液压缸的作用下，调整器可以上升和下降，以调整发动机进气凸轮轴的位置。液压缸的油路与汽缸盖上的油路连通，工作压力由凸轮轴调整阀控制，而凸轮轴调整阀由 ECU 进行控制。排气凸轮轴位置是不可调的。可变气门调整器结构如图 2-36 所示。

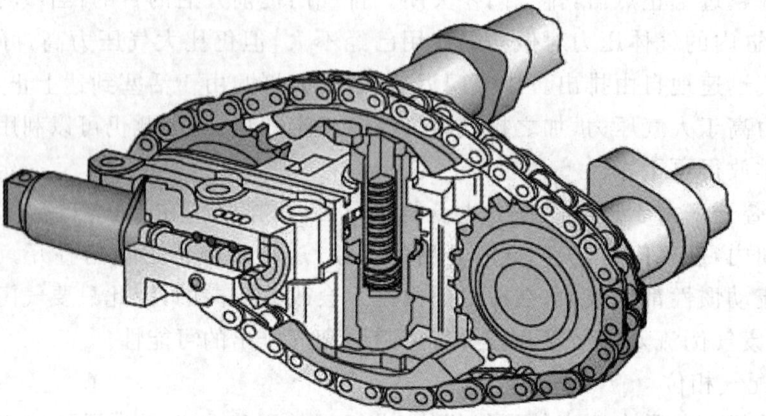

图 2-36　ANQ5 发动机可变气门调整器结构

可变气门调整器工作原理如图 2-37 所示。功率位置（不进行调整时的位置）即高速状态。为了充分利用进气流的惯性，进气迟关角增大（轿车发动机一般在此位置），链条的上部较长，而下部较短。排气凸轮轴首先要拉紧下部链条成为紧边，进气凸轮轴才能被排气凸轮轴带动。就在下部链条由松变紧的过程中，排气凸轮轴已转过了一个角度，进气凸轮才开始动作，进气门关闭得较迟，从而使发动机在高速时产生高功率。

图 2-37　可变气门调整器工作原理示意图

转矩位置，即低速状态。通过凸轮轴调整器向下的运动来缩短上部链条而加长下部链条。由于排气凸轮轴受到正时齿带制约不能转动，从而使进气凸轮轴偏转一个角度，较早关闭进气门，使发动机在中速和低速范围内能产生高转矩。

卡罗拉轿车发动机采用双重智能可变气门正时机构（双 VVT－i），即智能进排气可变气门正时系统，不仅能够调节进气门的开闭时间，还能调节排气门的开闭时间。

本田车系的某些发动机采用可变气门配气相位和气门升程电子控制系统（VTEC），可同时控制气门开闭时间和气门的升程。

任务实施

工作准备

学习资料：学习材料、多媒体课件、视频、任务工单

设施设备：发动机整机、配气机构散件

实施过程

1. 识别配气机构的类型

（1）按凸轮轴的位置不同分。

____

____

____

（2）按凸轮轴的数量分。

____

____

(3)按凸轮轴的驱动方式分。

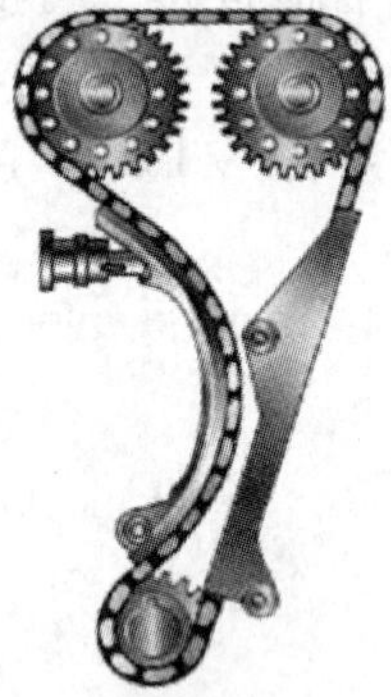

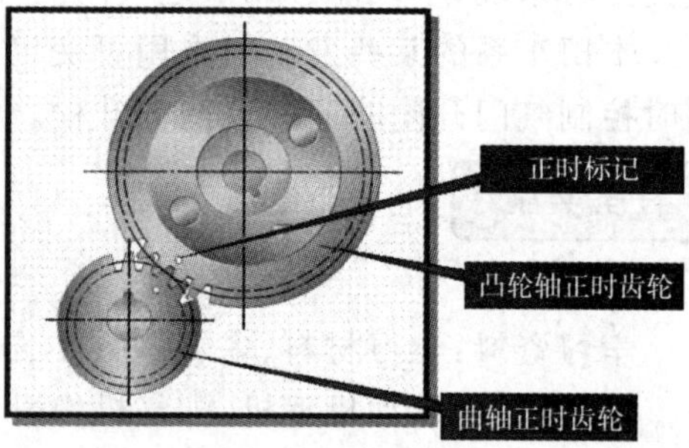

________________　________________　________________

(4)按气门的数量分。

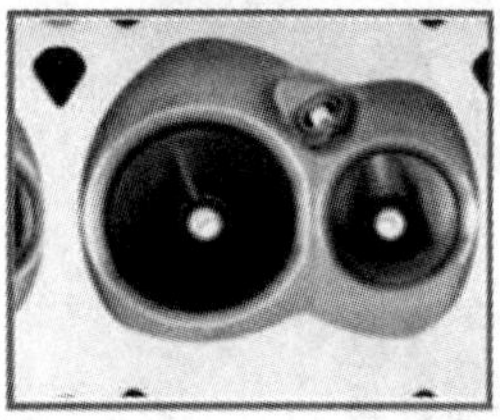

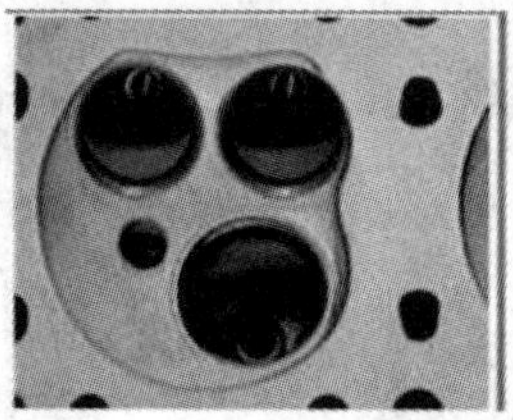

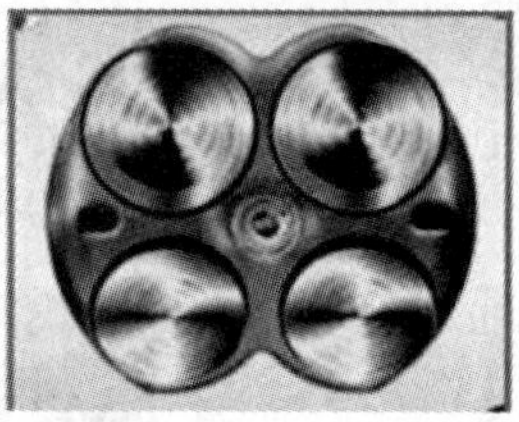

______进______进　______进______进　______进______进　______进______进

2. 识别发动机配气机构的组成

(1)发动机的配气机构由________和________组成。

(2)将图中零部件名称填于下表中。

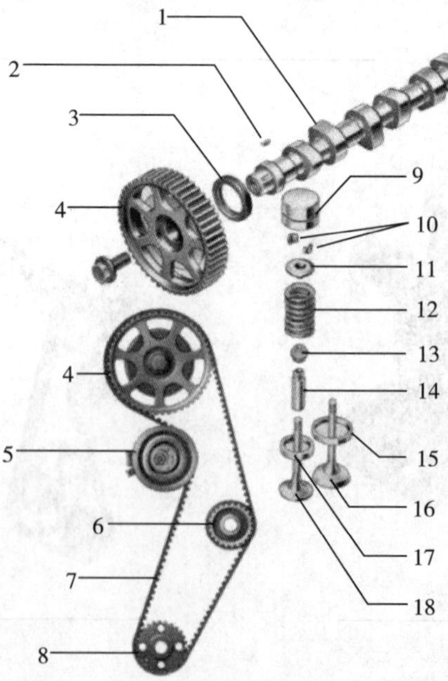

序号	名称	序号	名称
1		2	
3		4	
5		6	
7		8	
9		10	
11		12	
13		14	
15		16	
17		18	
属于气门传动组的是(写序号)			
属于气门组的是(写序号)			

3. 识别配气机构主要零件实物及其结构(在横线上填零件名称,在方框中填结构名称)

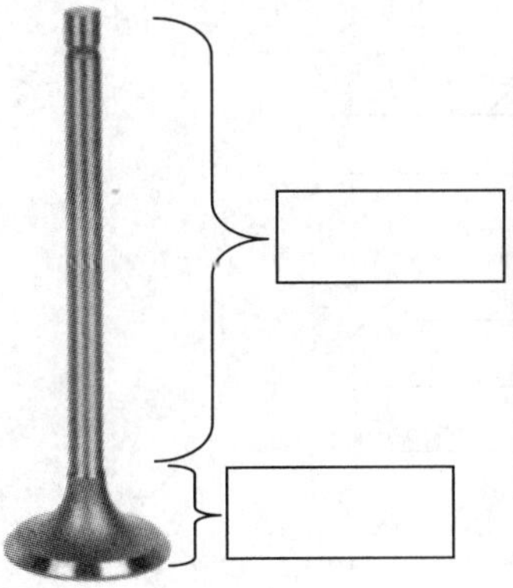

______　______　______　______

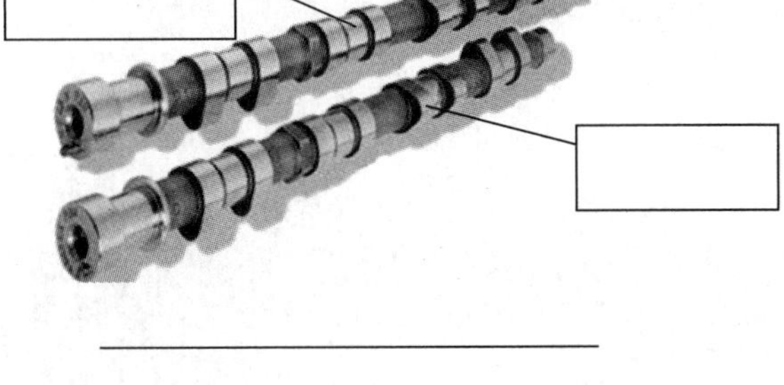

______　______

 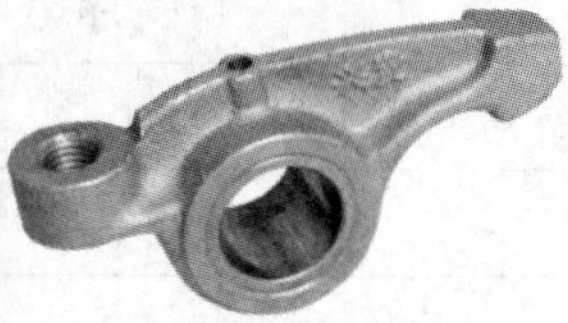  

________________　________________　________________　________

4. 配气相位

(1)计算:当发动机的转数为 2000r/min 的时候,活塞在气缸里面运动一个行程所需的时间为_________s。

(2)配气相位定义:____。

(3)进排气门配气相位(在方框中填写进排气门的状态,横线上填写各角度的名称)。

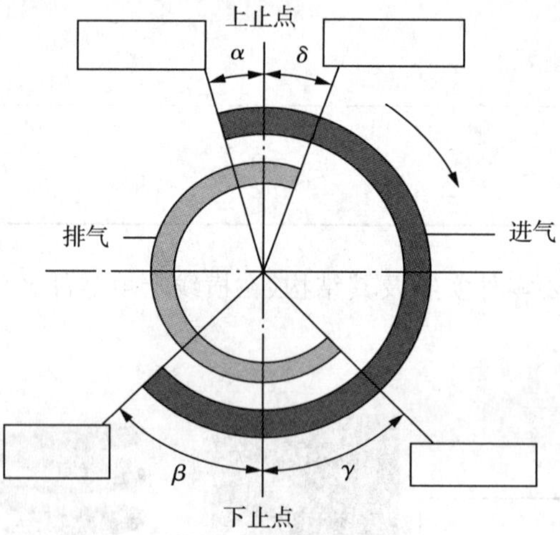

α __________________　β __________________

γ __________________　δ __________________

进气持续角____________　排气持续角____________

气门重叠角____________

(4)可变气门正时技术。

列举 3 个以上可变气门技术名称,所应用的车型及英文缩写。

5. 练习题

已知某型号发动机的进气提前角的度数为20°，气门叠开角为39°，进气持续角为256°，排气持续角为249°，试计算进气迟后角、排气提前角及排气迟后角的度数并画出配气相位图。

考核评价

本任务评价分四轮，第一轮：学生小组内一对一互评；第二轮：学生跨小组互评（全覆盖）；第三轮：老师考核（填写表单全覆盖、实物抽考40％以上）；第四轮：系部/学院考核（填写表单全覆盖、实物抽考占班级人数比例10％以上，抽考知识技能项目，其他考核分值参考任课老师的评价）。

评分表

序号	考核内容	配分	评分标准	考核记录	得分
1	知识技能	70	倒扣制：上述所有任务表单每错一处扣5分		
2	帮助同学	20	帮助同学		
3	学习能力	5	查阅资料能力，完成质量及效率等		
4	情感态度	5	自我学习态度、与同学配合、服从意识等		
5	考核作弊		作弊每次扣15分		
6	分数总计	100			

任务 2.2　汽车发动机配气机构的拆装

提出任务

张先生有一辆桑塔纳轿车(装配 AJR 发动机),已累计行驶 17 万 km,该车性能一直比较稳定,未出现过大的问题,但最近张先生发现车子出现了排气管冒蓝烟的现象,经初步判断需拆检配气机构,你能帮他解决这个问题吗?

任务要求

知识要求

能识别汽车发动机配气机构的装配组成图并弄清楚它们之间的装配关系。

能力要求

按维修规范熟练拆装 AJR 发动机的配气机构。

知识准备

一、工具设备及资料准备

(1)设施设备:桑塔纳轿车 AJR 发动机、拆装台、零件车、工具车。

(2)拆装工具:扭力扳手、世达 120 件维修工具、桑塔纳 AJR 发动机专修工具、气门拆装钳等。

(3)资料准备:学习材料、多媒体课件、AJR 发动机机械拆装维修手册、拆装视频、任务工单。

二、汽车发动机配气机构装配组成图的认知(图 2-38)

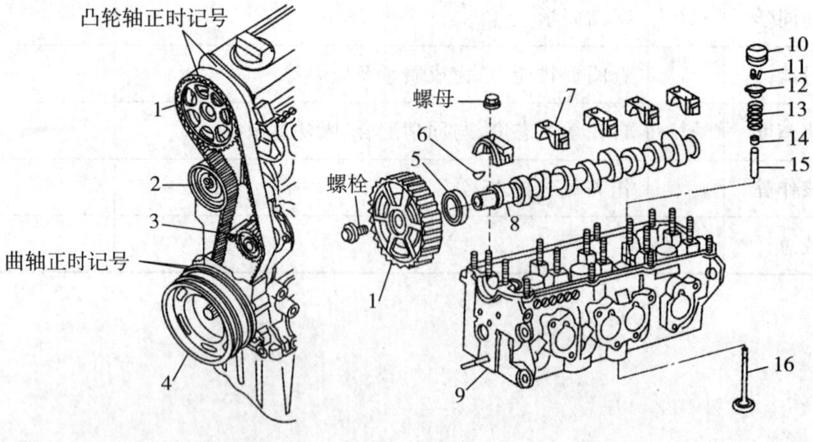

图 2-38　桑塔纳轿车 AJR 发动机配气机构装配组成图

1—凸轮轴正时齿轮;2—正时皮带张紧轮;3—水泵齿形带轮;4—曲轴带轮;5—凸轮轴油封

6—半圆键;7—凸轮轴轴承盖;8—凸轮轴;9—气缸盖;10—液压挺柱;11—气门锁片

12—上气门弹簧座;13—气门弹簧;14—气门油封;15—气门导管;16—气门

三、拆装注意事项及要求

（1）在拆卸正时皮带前要先观察正时标记，并在皮带上做好旋转记号，皮带不要沾油，不要扭曲。

（2）转动凸轮轴的时候，曲轴不应在上止点的位置，以防损坏气门和活塞。

（3）凸轮轴轴承盖的拆装顺序：拆的时候先拆 1、3、5 道轴承盖，然后对角交替松开 2、4 道轴承盖；装的时候先交替对角拧紧 2、4 道轴承盖，后装 5、1、3 道轴承盖，要求拧紧力矩为 20N·m。

（4）气缸盖螺栓的拆装顺序：按照图 2－39、图 2－40 所标的 1～10 的顺序进行拆卸和装配，拧紧的时候分两步：第一步，拧紧力矩为 40N·m；第二步，用扳手再拧紧 180°。

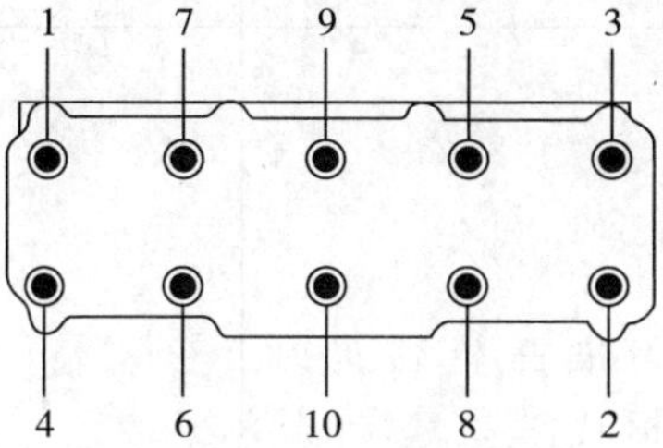

图 2－39　缸盖螺栓拆卸顺序

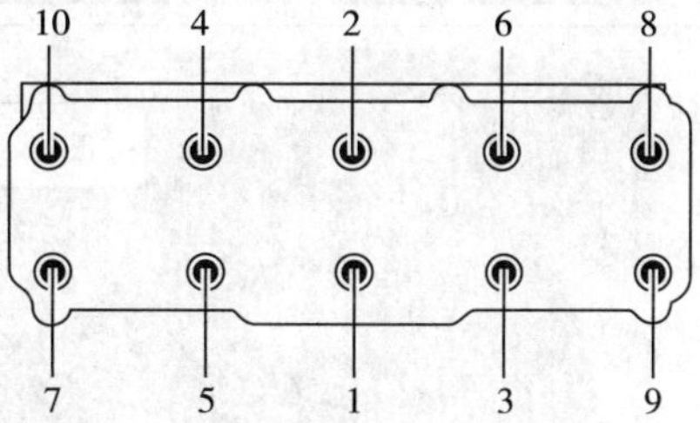

图 2－40　缸盖螺栓安装顺序

（5）装配时，各紧固螺栓要按照规定的拧紧力矩拧紧，不允许松动或用蛮力拧死。

（6）严格按拆装顺序和要求进行操作，零部件和工具摆放在适当区域并摆放整齐。

（7）坚持“三不落地”（油、水、物）和“四清洁”（手、零件、工具、场地）。

（8）各部件装复后，发动机应能正常运转。

任务实施

要求：按照表中步骤进行汽车发动机配气机构的拆装，并结合维修手册完成表格中相关内容的填写。

汽车发动机配气机构的拆装

序号	操作流程图	拆装步骤	相关要素
同步带的拆卸			
1		将曲轴转到一缸上止点位置	

（续表）

序号	操作流程图	拆装步骤	相关要素
2	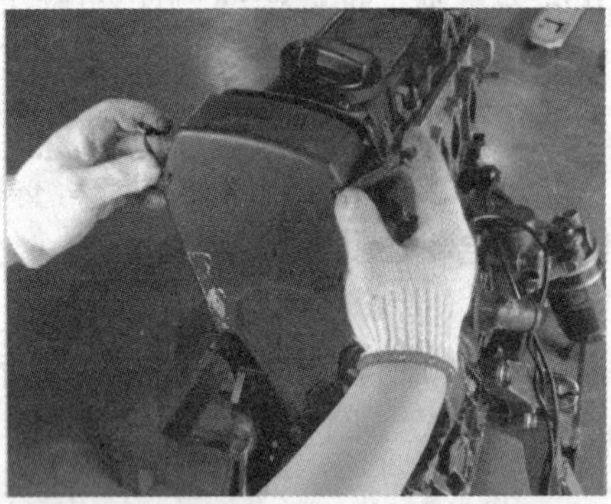	拆卸同步带的上防护罩	
3		对准凸轮轴正时标记	
4		拆卸曲轴带轮	所用的工具： 带轮紧固螺栓的拧紧力矩为：
5		拆卸同步带的中间防护罩	所用的工具： 紧固螺栓的拧紧力矩为：

（续表）

序号	操作流程图	拆装步骤	相关要素
6		拆卸同步带的下防护罩	所用的工具：＿＿＿＿＿＿ ＿＿＿＿＿＿ 紧固螺栓的拧紧力矩为：＿＿＿＿＿＿
7		在同步带上做好方向记号	
8		松开张紧轮，卸下同步带	所用的工具：＿＿＿＿＿＿ ＿＿＿＿＿＿
气门传动组的拆卸			
1		拆下正时带后上方防护罩	

（续表）

序号	操作流程图	拆装步骤	相关要素
2		拆卸气门室罩盖	所用的工具： ________________ ________________
3		取下密封衬垫	
4	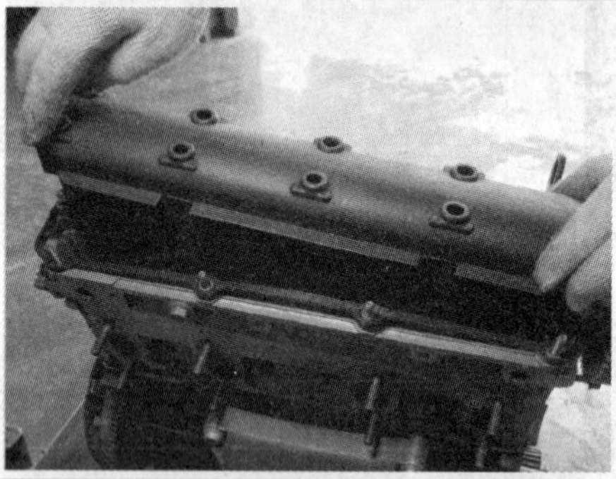	拆下机油反射罩	
5		拆下齿形皮带后护板	所用的工具： ________________ ________________ 紧固螺栓的拧紧力矩为： ________________

（续表）

序号	操作流程图	拆装步骤	相关要素
6	 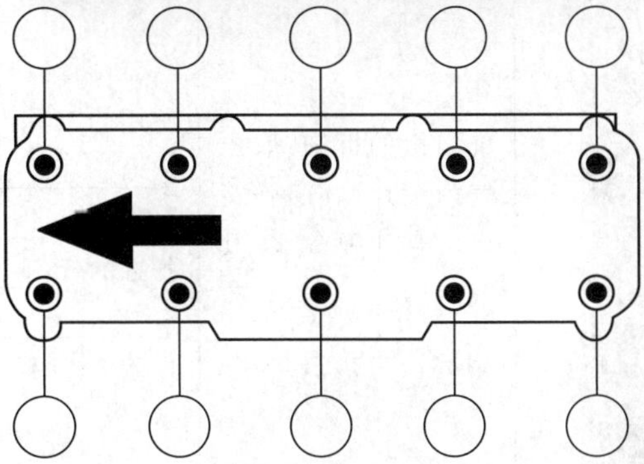	拆卸汽缸盖	在左图圆圈中填上螺栓的拆装顺序号 所用的工具： ____________ ____________
7		取下汽缸盖衬垫	
8		拆卸凸轮轴轴承盖，取下凸轮轴	所用的工具： ____________ ____________ 轴承盖螺栓的拆卸顺序： ____________ ____________ ____________ ____________

（续表）

序号	操作流程图	拆装步骤	相关要素
9		取下液压挺柱	各缸的液压挺柱__________互换
气门组的拆装			
1	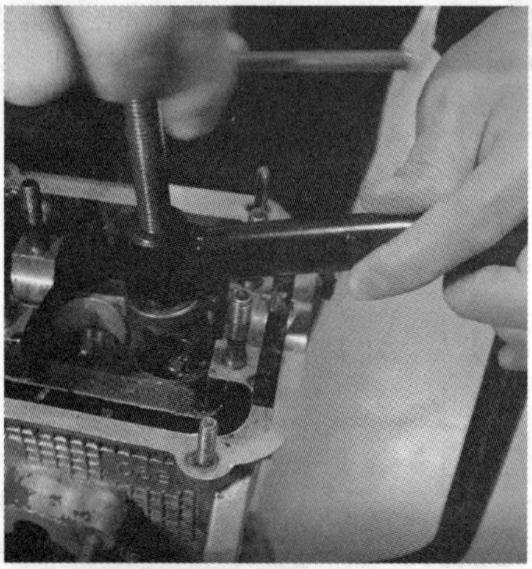	气门组的拆卸：取出气门锁片、气门弹簧座、气门弹簧以及气门	所用的工具：__________ 各缸的气门__________互换
2	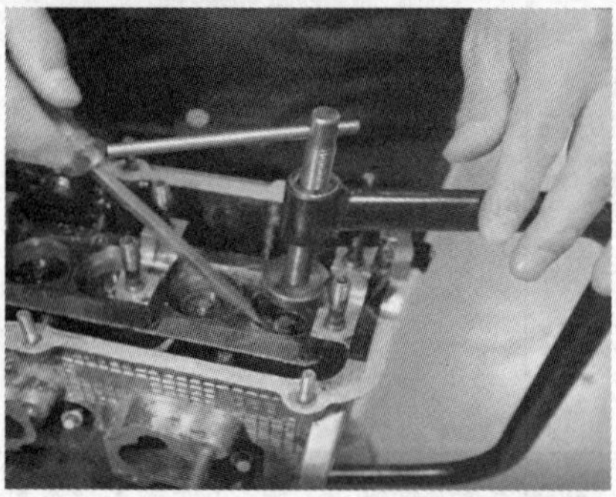	气门组的安装：装入气门，放入气门弹簧及弹簧座，装上气门锁片	装入气门时，在杆部涂上__________
气门传动组的安装			
1	装上液压挺柱		
2		安装凸轮轴	轴承盖螺栓的安装顺序：__________ 拧紧力矩为：__________

（续表）

序号	操作流程图	拆装步骤	相关要素
3		安装汽缸垫	安装前将曲轴转到________ ________ 汽缸垫的标记朝____
4	 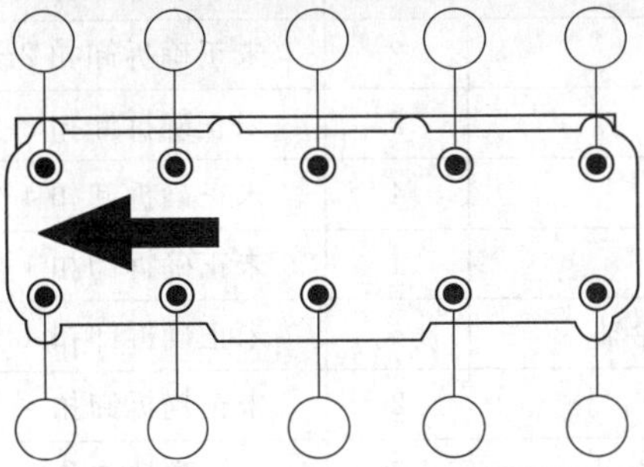	安装汽缸盖	在左图圆圈中填上螺栓的安装顺序号 紧固螺栓的拧紧力矩： 第一步： ________ 第二步： ________ ________
5	安装机油反射罩		
6	安装气门室盖衬垫		
7	安装气门室盖		
8	安装正时带后上防护罩		
9	对准曲轴正时		
10	对准凸轮轴正时		
11		安装正时皮带及张紧轮	张紧轮上锁紧螺母的拧紧力矩为： ________
12	安装正时带防护罩等其他附件		

发动机配气机构拆装考核表

考核时间	序号	项目	配分	评分标准	得分
发动机配气机构的拆装用时 40min	1	前期准备	2	酌情扣分	
	2	将曲轴转到一缸上止点位置	2	未正确操作扣 2 分	
	3	拆卸同步带的上防护罩	1	未正确拆卸扣 1 分	
	4	对准凸轮轴正时标记	2	未对标记扣 2 分	
	5	拆卸曲轴带轮	2	未正确拆卸扣 2 分	
	6	拆卸同步带的中间防护罩	2	未正确拆卸扣 2 分	
	7	拆卸同步带的下防护罩	2	未正确拆卸扣 2 分	
	8	在同步带上做好方向记号	2	未做记号扣 2 分	
	9	松开张紧轮,卸下同步带	3	未正确拆卸扣 3 分	
	10	拆下正时带后上方防护罩	1	未正确拆卸扣 1 分	
	11	拆卸气门室罩盖	2	未正确拆卸扣 2 分	
	12	取下密封衬垫	1	未正确拆卸扣 1 分	
	13	拆下机油反射罩	2	未正确拆卸扣 2 分	
	14	拆下齿形皮带后护板	2	未正确拆卸扣 2 分	
	15	拆卸汽缸盖	4	未正确拆卸扣 4 分	
	16	取下汽缸盖衬垫	1	未正确拆卸扣 1 分	
	17	拆卸凸轮轴轴承盖,取下凸轮轴	6	未正确拆卸扣 4 分	
	18	取下液压挺柱	2	未正确拆卸扣 4 分	
	19	拆卸气门组	7	酌情扣分	
	20	安装气门组	7	酌情扣分	
	21	装上液压挺柱	2	未正确安装扣 2 分	
	22	安装凸轮轴	6	酌情扣分	
	23	安装汽缸垫	2	未正确安装扣 2 分	
	24	安装汽缸盖	6	酌情扣分	
	25	安装机油反射罩	2	未正确安装扣 2 分	
	26	安装气门室盖衬垫	2	未正确安装扣 2 分	
	27	安装气门室盖	2	未正确安装扣 2 分	
	28	安装正时带后上防护罩	2	未正确安装扣 2 分	
	29	对准曲轴正时	4	未对正时扣 4 分	
	30	对准凸轮轴正时	4	未对正时扣 4 分	
	31	安装正时皮带及张紧轮	6	酌情扣分	
	32	安装正时带防护罩等其他附件	5	、酌情扣分	
	33	“7S”整理	4	酌情扣分	

总评表

序号	日常表现项目	配分	评分标准	分数
1	目标达成率	60分	工作页填写(20%)+拆装技能(40%)	
2	课堂准备情况	10分	是否做到三带(笔、记录本、课本),一穿(实训服)。 A. 按要求做到(10分) B. 未按要求做到每次扣2分	
3	课堂纪律	20分	A. 无违纪情况(20分) B. 有违纪情况(视情况扣分) 随便说话、扰乱秩序(每次－3) 上课伏案(每次－2)、勾肩搭背(每次－2)、实训窜组(每次－2)、上课打闹(每次－5)、允许倒扣	
4	“7S”素养	10分	A. 按要求做到位(10分) B. 未做到位(视情况扣分) 座位有垃圾(－2)、桌面凌乱(－2)、未穿实训服(－2)、违反安全操作(－10)、工位整理不到位(－3)、允许倒扣	
总分				

任务2.3 汽车发动机配气机构的检修

任务要求

1. 能正确完成正时带的检查与更换。

2. 能正确完成气缸压力的检查。

3. 能正确完成配气机构主要零部件的检修。

能力要求

通过对配气机构主要零部件的检修，更加深刻地了解配气机构的构造，并熟悉掌握相关检修方法与步骤。

知识准备

一、 正时带的检查与更换

1. 正时带的检查

检查正时带时，需要把顶部的正时盖从发动机上拆下来。检查正时带有没有裂纹、破损、剥皮等。

2. 正时齿轮的检查

拆下正时端盖，检查正时齿轮有没有过度磨损。磨损的齿会变锋利、发光并且很尖。如果目测不能确定齿轮是否磨损，可以测量轮齿之间的间隙。

3. 正时带的更换

更换正时带的步骤为：

① 拆下蓄电池负极电线。

② 拆下驱动带的所有附件。

③ 拆下正时带盖。

④ 把发动机转至第一缸压缩上止点，检查曲轴带盘和凸轮轴正时带轮2处正时记号是否对齐。

⑤ 逆时针转动张紧滑轮使它松动，拆下正时带。

⑥ 检查正时齿轮、张紧轮等零部件。

⑦ 检查曲轴带轮和凸轮轴正时带轮2处正时记号是否对齐，不齐则调整。

⑧ 安装所有的新组件和正时带，并调整张紧装置，使带张紧度符合要求。

⑨ 旋转曲轴2圈，检查曲轴和凸轮轴2处正时记号是否对齐，不齐则重新进行安装。

⑩ 按照推荐的顺序安装其他附件。

⑪ 使发动机空转，然后进行路试，以确定汽车工作状况良好。

二、气缸压缩压力的检查

用普通气缸压力表测量时，发动机应进行预热，直到冷却水温度达到85～95℃，机油温度达到70～90℃后停止发动机运转，用压缩空气吹净火花塞周围的脏物，以免异物落入气缸。然后，拆下全部火花塞，以减少曲轴转动时的阻力，打开节气门，再把专用缸压力表的锥形橡皮头插在被测量缸的火花塞孔内，扶正、压紧。切断喷油器的喷油，用起动机带动曲轴转动3～5s（汽油机转速应大于等于130～250r/min），等到气缸压力表的表针指示且保持最大压力读数后停止转动。最后，记下读数，取下压力表，按下单向阀，使压力表指针回零。按此法一次测量各缸，测量次数不得不少3次。

测量结果可分为符合标准、低于标准和高于标准三种情况。如果测得结果超过原厂规定标准，表示燃烧室容积减小了。主要原因是：燃烧室内积炭过多；气缸衬垫过薄；缸体与缸盖接合平面经多次修理而磨削过多等。引起测得结果值低于原厂规定标准的原因很多，而且原因较复杂，可向该缸火花塞孔内注入20～30mL机油，然后用气缸压力表按上述方法重新测量气缸压力并记录。如果第二次测出的压力比第一次高，接近标准压力，说明是气缸活塞环塞磨损过大或活塞环对口、卡死、断裂及缸壁拉伤等原因造成气缸密封性下降。如果第二次测出的压力与第一次大致相同（即仍比标准压力低），说明进气门、排气门或气缸衬垫密封不良。如果两次检测结果均表明某相邻两缸压力都相当低，说明是两缸相邻处的气缸衬烧损窜气。

三、配气机构主要零部件的检修

1. 气门的检修

气门的主要损伤有气门工作锥面磨损和烧蚀、气门杆磨损、气门杆端面磨损、气门弯曲变形等。

1）气门工作锥面的检修

观察气门的工作锥面，若变宽、起槽、烧蚀出现斑点或用手指能摸出磨损台阶，应用气门光磨机光磨气门的工作锥面（注意气门锥角的大小）。修磨后，气门头部边缘的厚度应不小于规定值：进气门，不小于0.50～1.00mm；排气门不小于0.70～1.30mm。

2）气门杆磨损的检修

用千分尺测量气门杆直径，如图2-41所示。如果磨损量超过0.05mm（轿车）或0.10mm（载货车），或用手触摸有明显阶梯感觉时，应更换气门。

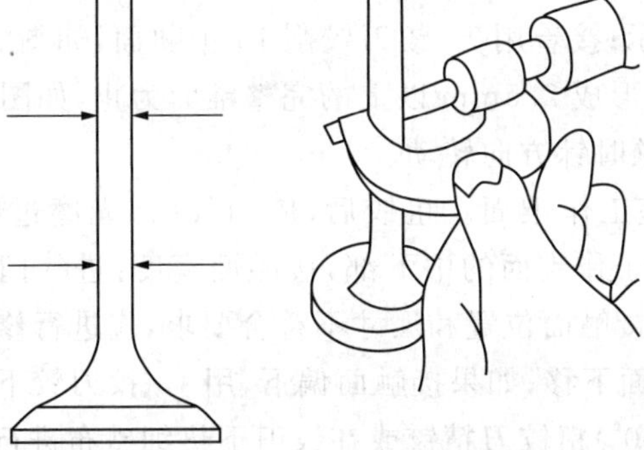

图2-41　气门杆磨损的测量

3)气门杆端面磨损的检修

气门杆端面如果有凹陷，应磨平，但气门全长应符合规定要求。

4)气门杆弯曲的检修

将气门杆架在检测台上，如图 2-42 所示。转动气门杆 1 圈，百分表的摆差不得大于 0.06mm，否则应更换气门杆或在平板上进行冷压校直。

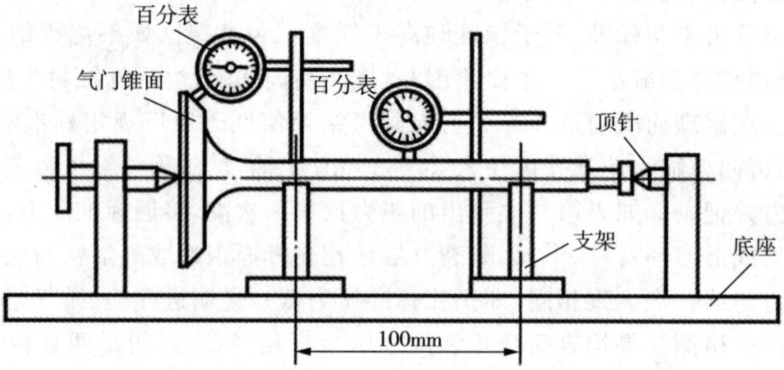

图 2-42　气门杆弯曲的检修

2. 气门座的检修

1)气门座圈的镶配

气门座圈的镶配操作如下：

① 用专用拉器拉出旧座圈。

② 测量座圈承孔孔径。按孔径值选择新座圈，并对孔径进行铰削加工，以保证匹配尺寸要求。一般座圈过盈量为 0.075～0.125mm。

③ 用热镶法装配：将气缸盖加热至 80～100℃后，将座圈镶入座孔内。或用冷镶法配：用液氮将座圈冷冻收缩后，在压床上将座圈镶入气缸盖座孔中，以保证不会松动。

④ 检测气门座圈是否凸出，否则应修磨至与座孔上口平齐。

2)气门座的绞削

① 选择铰刀和铰刀导杆。根据气门直径和气门导管内径来选择铰刀和铰刀导杆。

② 磨削硬化层。用 1 号砂布垫在铰刀下面，磨削气门座硬化层。

③ 粗铰。用与气门锥角相同(通常为 45°或 30°)的铰刀铰削工作锥面，将凹陷、斑点全部去除，如图 2-43(a)所示；接着用 75°铰刀铰削 15°上斜面，如图 2-43(b)所示；然后用 15°铰刀铰削 75°下斜面，直到形成 2.5mm 以上的完整锥面为止，如图 2-43(c)所示。铰削时，两手用力要均衡，并保持顺时针方向转动。

④ 试配与修整气门座工作锥面。粗铰后，应用气门(光磨过的气门或新气门)进行试配。要求接触面应在气门工作锥面的中下部，接触面宽度：进气门一般为 1～2.2mm，排气门为 1.6～2.5mm。如果接触面位置和尺寸不符合要求，应进行修铰。如果接触面偏上，用 75°铰刀铰上斜面，使接触面下移；如果接触面偏下，用 15°铰刀铰下斜面，使接触面上移。

⑤ 精铰。用 45°(或 30°)精铰刀精铰或在铰刀下垫细砂布进行光磨，以提高工作表面质量，如图 2-43(d)所示。

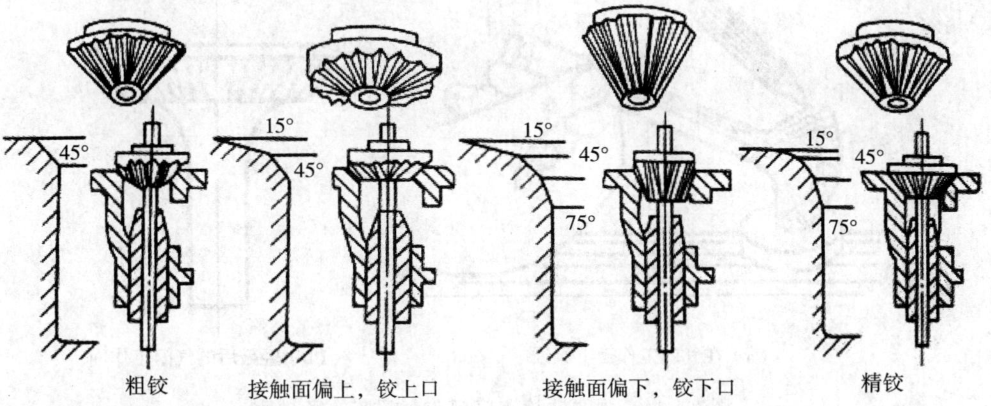

（a）粗铰45°斜面　（b）铰削15°上斜面　（c）铰削75°下斜面　（d）精铰45°斜面

图 2－43　气门座的削销程序

3)气门与气门座的研磨

为了提高气门与气门座的密封性,气门与气门座经过修理后,应配对进行研磨。研磨方法有手工操作和机动研磨两种。

① 手工研磨气门与气门座。手工研磨的步骤为:

a. 研磨前将气门、气门座彻底清洗干净。

b. 在气门工作面上涂一薄层研磨砂。

c. 用橡胶捻子吸住气门头,左右转动木柄,转角一般以 10°～30°为宜,并适时地提起和转动气门,以改变研磨位置。直至气门工作面出现一条无光泽的圆环带。

d. 洗去研磨砂,涂上机油,继续研磨几分钟。

② 机动研磨气门和气门座。气门的机动研磨是在专用的气门研磨机上进行的,过程为:

a. 将干净的气缸盖紧固在研磨机工作台上。

b. 在每一个气门导管上端套装一根细软弹簧。

c. 在已修配好并做好记号的气门工作面上均匀涂上粗研磨砂。

d. 将各气门杆上涂上机油,插入相应的导管中,调整各个转轴,对正气门座孔。

e. 将研磨装置连接好,并调节气门的升程,即可开机研磨。一般研磨的时间为 10～15min。

f. 粗磨后,洗掉粗研磨砂,换上细研磨砂继续精磨。

g. 精磨结束,洗净气门和气门座,再用机油手工研磨几分钟即可。

4)气门与气门座密封性检查

气门与气门座研磨后,需进行密封性检查。常用的方法有:

① 画线法。如图 2－44 所示,用软铅笔在气门工作面上画若干条分布均匀的素线,然后将气门插入气门座内,轻敲并转动气门。取出气门,观察铅笔线条,如果铅被均匀切断,表示密封良好;否则,应重新研磨气门。

② 涂油法。在气门工作面上涂上一层薄而均匀的红丹油,将气门压在气门座上动。取出气门观察,如果气门座上出现均匀且无间断的一圈红丹油,表明密封性良好。

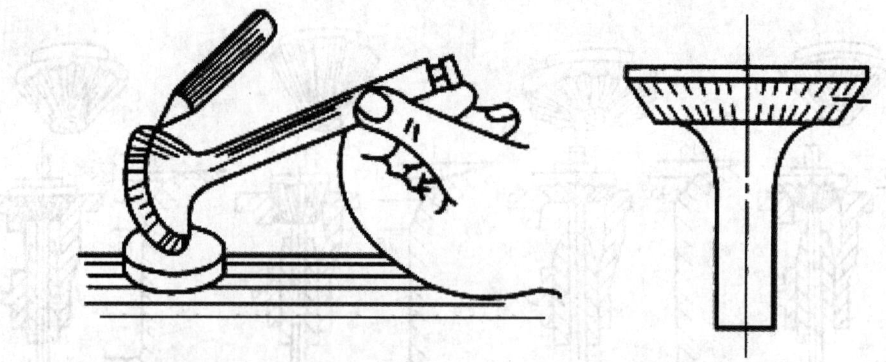

(a) 在气门工作面上画线　(b) 轻敲后的气门工作面

图 2-44　画线法检查气门与气门座的密封性

③ 拍打法。将气门在相配气门座上轻拍数次。然后观察气门与气门座工作面，如有明亮而又完整的环带，表明密封性符合要求。

④ 渗油方法。将气门放入相配的气门座中，将汽油或煤油浇在气门顶面上，观察有无渗漏现象。如果没有渗漏现象，说明密封性良好。

⑤ 用检验仪器检查。采用带有气压表的气门密封性检验仪进行检验，如图 2-45 所示。先将检验仪的空气容器筒紧紧地压在装有气门的气门座上，捏动到橡皮气筒内具有 60～70kPa 的压力时，停留 30s。如果气压表指示压力不下降，密封性即为合格。

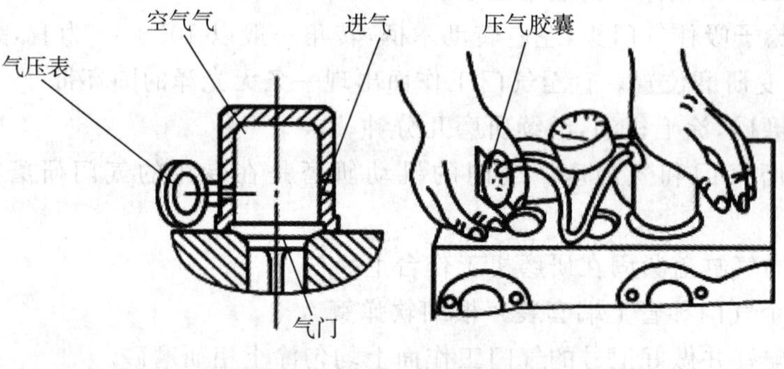

图 2-45　用仪器检查气门与气门座的密封性

3. 气门导管的检修

1)气门杆与气门导管配合间隙的检查

气门导管常磨损成喇叭状，而且其磨损量难以测量。通常采用测量气门杆与气门导管的配合间隙，来判断气门导管的磨损程度，方法如下：

① 装配气门杆和气门导管，在气缸体上安装百分表，同时将气门杆升高约 15mm。

② 百分表触头抵在气门头部边缘，然后左右摆动气门，记录百分表指针摆动的读数。该读数即为测气门杆与气门导管的配合间隙。气门导管与气门杆的最大配合间隙：轿车不得大于 0.10mm；载货车不得大于 0.15mm。如果测得的配合间隙超过规定值，应更换气门导管。

2)气门导管的更换

气门导管与承孔是过盈配合，所以要取出气门导管时，应在它周围浸入汽油，这样就容易将导管取出。安装气门导管时，应在导管外表面涂一层机油，用专用工具或铜冲将其打入座孔内，一直到台肩或开口环接触到缸盖为止。无台肩或开口环的导管应按要求插入一定深度或距缸盖一定高度。注意:用力一定要适当，避免损坏缸盖或导管。装入导管后，再用专用铰刀对气门导管内孔进行修铰，直至气门与导管的配合间隙符合要求为止。

4. 气门弹簧的检修

气门弹簧对发动机性能有很大影响。气门弹簧一旦发生折断或损坏，将使气门掉入造成事故，因此必须认真检查。

(1)检视气门弹簧是否有裂痕或折断。如果有裂痕或折断，应更换。

(2)检查气门弹簧的垂直度。用直尺检查，外径垂直度应小于 2mm，如图 2－46 所示。

(3)测量气门弹簧的自由长度和安装状态下的弹力。

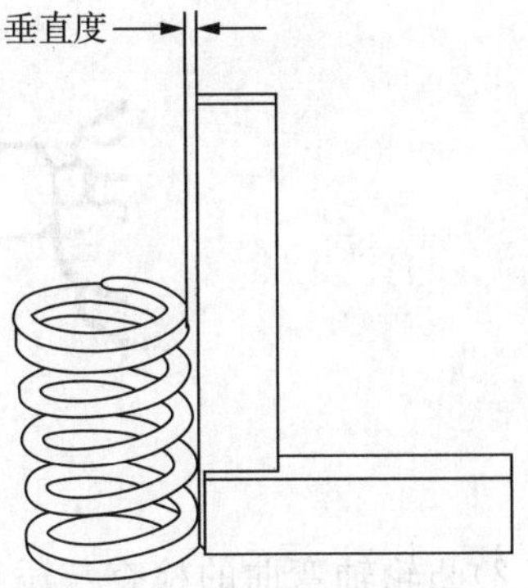

图 2－46　检查气门弹簧的垂直度

① 用游标卡尺测量弹簧的自由长度，如图 2－47 所示，应符合规定值。也可采用新旧对比法检查，将 1 个标准弹簧与被测弹簧置于同一平板上，比较其长度是否一致，如果不一致应更换。

② 在弹力检测器上测量弹簧的弹力。测量时应将弹簧压缩至装配状态，如图 2－48 所示，其弹力应符合规定值。

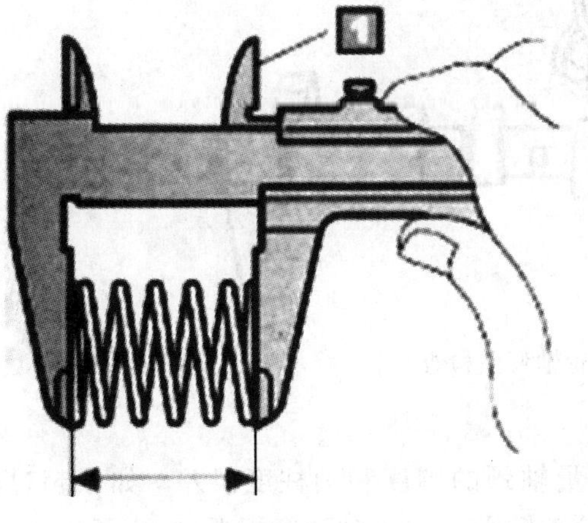

图 2－47　测量自由长度

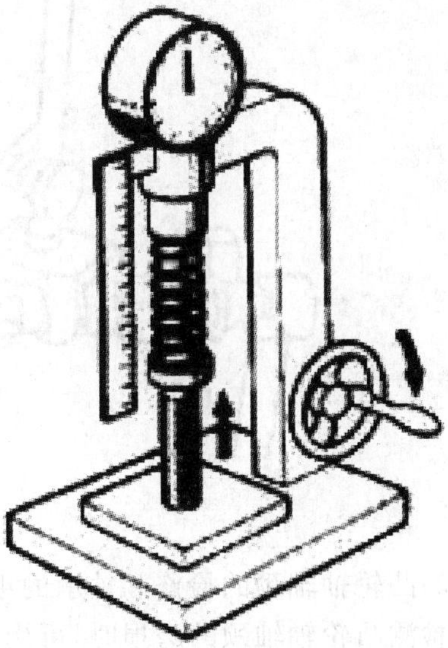

图 2－48　检测弹簧弹力

5. 凸轮轴的检修

凸轮轴的主要损伤有凸轮磨损和擦伤、凸轮轴弯曲、轴颈磨损等。

1)凸轮轴凸轮磨损的检修

凸轮的磨损通过千分尺或专门的仪器测量凸轮的高度来检查，如图 2－49 所示，如果凸轮的高度低于标准值 0.4mm，或其表面有严重的擦伤、拉毛、麻点，应予以更换。

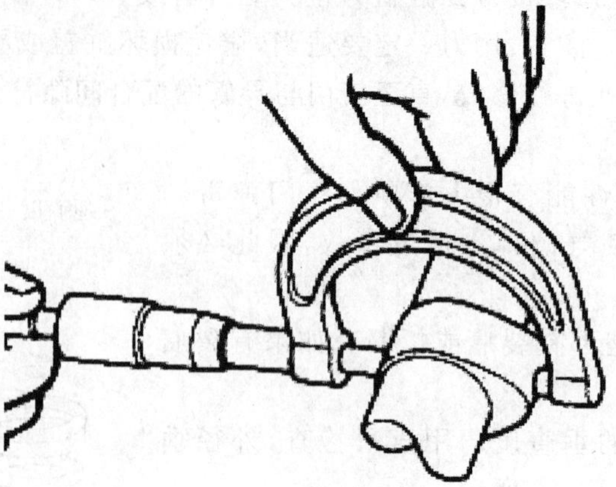

图 2-49　测量凸轮轴高度

2)凸轮轴弯曲的检查与矫正

将凸轮轴支在车床 2 个顶尖间或将凸轮轴两端轴颈放在 V 型架上，如图 2-50 所示。将百分表触头抵在凸轮轴中间的轴颈上，转动凸轮轴 1 周，如果百分表的摆差题 0.10mm，就应进行冷压矫正。矫正后，中间凸轮轴的弯曲度应不大于 0.03m。

图 2-50　凸轮轴弯曲检查

3)凸轮轴轴颈的检修和轴承的更换

检测凸轮轴轴颈的磨损时，可用千分尺测量轴颈的圆度和圆柱度误差。如果超过规定值，应按修理尺寸磨削轴颈，并选用相配的凸轮轴轴承。如果轴颈磨损严重，应予以更换。

凸轮轴轴颈与轴承的配合间隙一般为 0.03～0.07mm，使用极限不超过 0.15mm。如超过使用极限，应更换轴承。因为凸轮轴上经常作用着气门弹簧的强大压力，所以一旦间隙增加，将引起配气相位失常。

4)凸轮轴轴向间隙的检查与调整

上置式凸轮轴的轴向间隙的检查方法：将凸轮轴装入轴承中，使百分表的触头抵住凸轮轴端，推拉凸轮轴，百分表的摆差即为凸轮轴的轴向间隙。凸轮轴轴向间隙通常为0.08～0.20mm。

任务实施

工作准备

学习资料：学习材料、多媒体课件、视频、任务工单

工量具：游标卡尺　千分尺　百分表　V形铁块　磁性底座

设施设备：发动机整机、发动机主要部件散件

实施过程

1. 识别量具

要求：横线上填量具名称，方框内填量具结构并进行读数。

(1)该量具为____________________

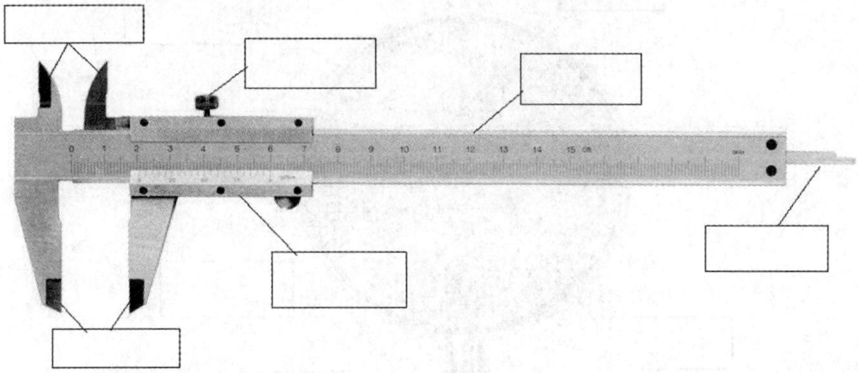

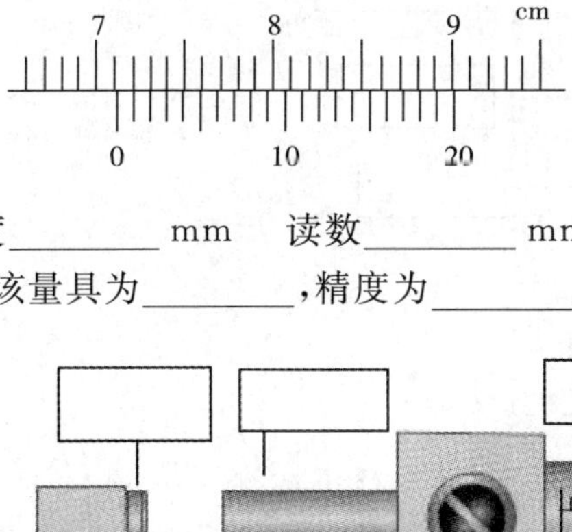

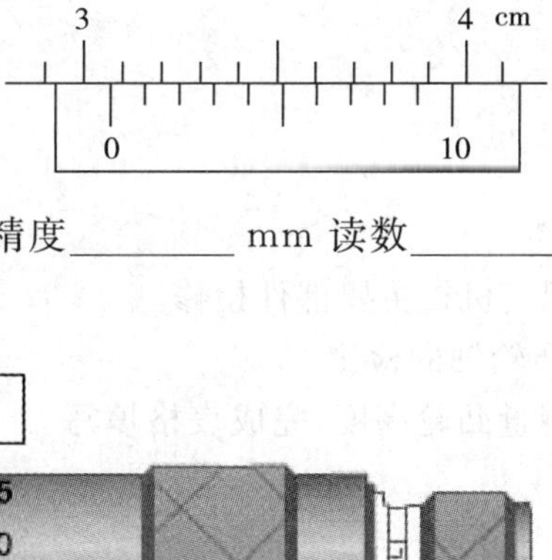

精度________mm　读数________mm　　精度________mm 读数________mm

(2)该量具为________，精度为__________mm

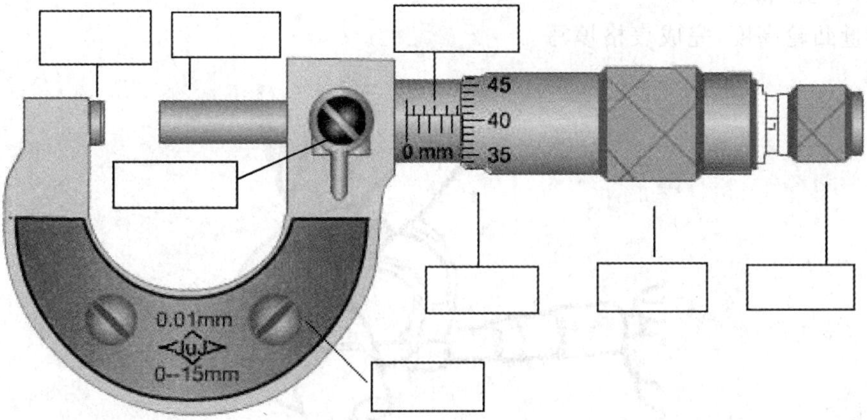

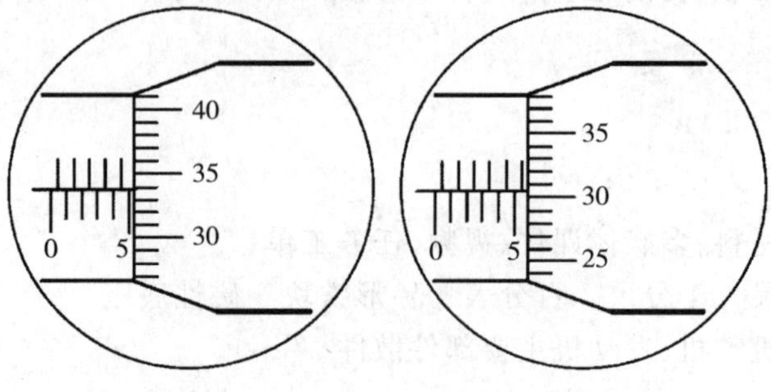

读数________mm　　读数________mm

(2)该量具为________,精度为________mm,量程为________mm。

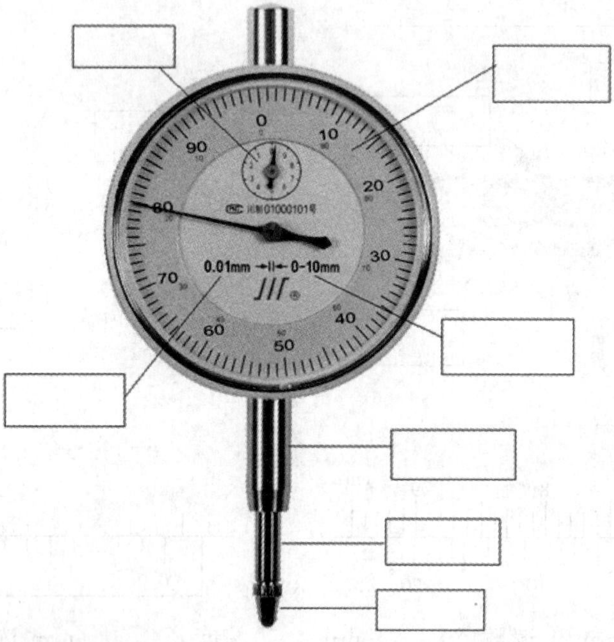

2. 配气机构主要部件检修

(1)凸轮轴的检测

① 测量凸轮高度,完成表格填写

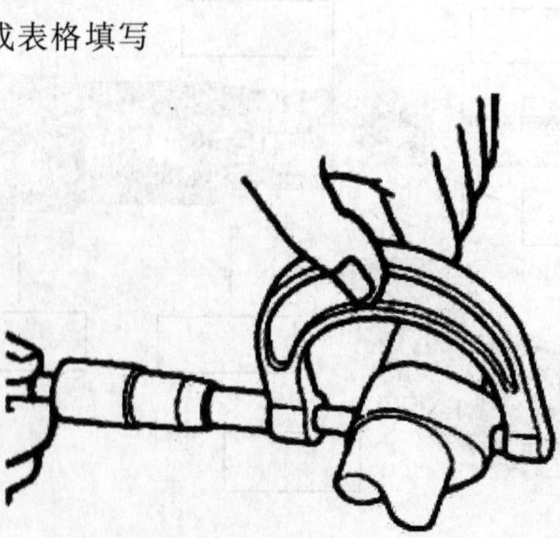

所用工具：______________________________。

检测数据

凸轮	1缸	2缸	3缸	4缸
进气凸轮(mm)				
排气凸轮(mm)				

检测结果分析：______________________________。

(注：进气凸轮标准值为41.705～41.895mm；排气凸轮标准值40.175～40.365mm。磨损极限为0.2mm)

② 凸轮轴变形检测

方法：检测凸轮轴的径向圆跳动量，将凸轮轴第一道和最后一道轴颈放于V形块上，百分表的触头抵在中间轴颈，转动凸轮轴一周，看百分表指针的摆动量。

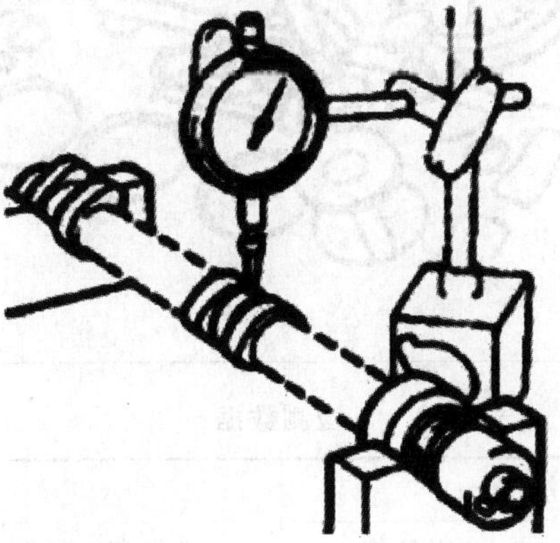

所用工具：______________________________。

检测值：______________ mm，结论：______________________________。

(注：标准值为0.02mm，极限值为0.1mm)

(2)气门检测

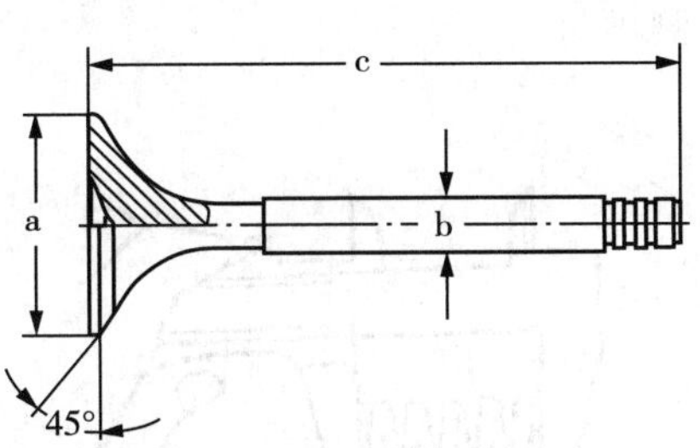

所用工具：______________________________。

请选择任意一个缸的进排气门进行检测，并将检测数据填在下表中

(　　)缸	进气门(mm)		排气门(mm)	
	标准值	测量值	标准值	测量值
a	39.5±0.15		32.9±0.15	
b	6.98±0.007		6.965±0.007	
c	91.85		91.15	

结论：______________________________。

(3)气门杆与气门导管配合间隙的检测

方法：将气门杆插入导管中，使气门杆末端与导管平齐，用百分表检查气门杆有无晃动现象。

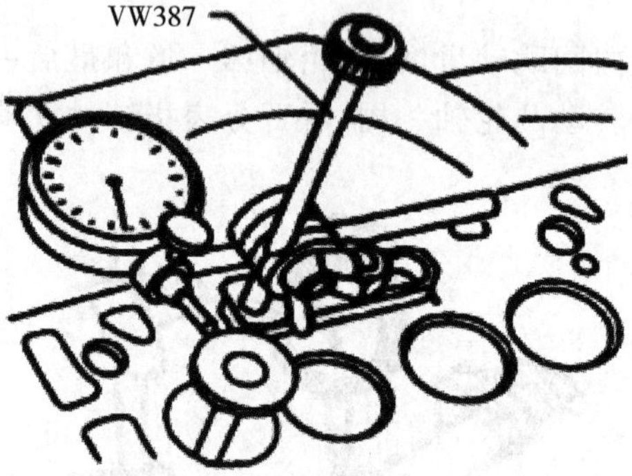

所用工具：______________________________。

检测数据

进气门	晃动量(mm)		排气门	晃动量(mm)	
	标准	测量值		标准	测量值
	最大 1.0			最大 1.3	

结论：______________________________。

(4)气门弹簧的检测

① 在下面横线上填写检测项目

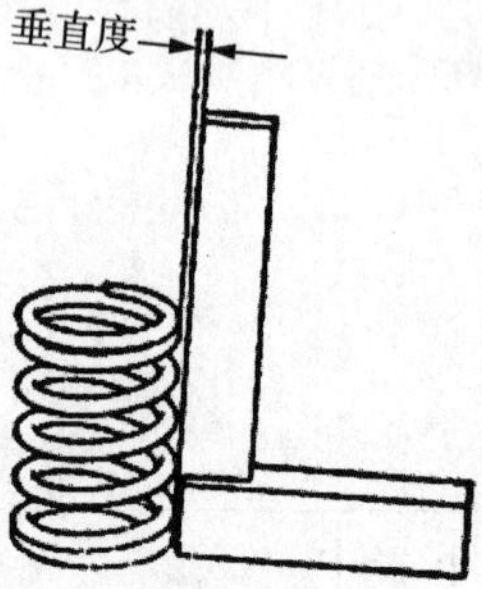

____

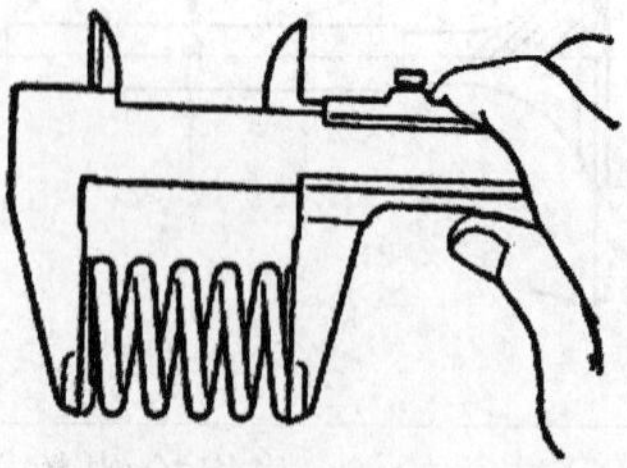

____

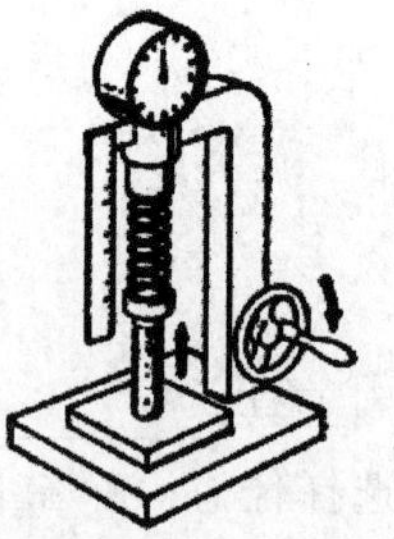

____

② 测量气门弹簧的自由长度

进气门弹簧：________________mm　　排气门弹簧：________________mm

(5)液压挺柱与凸轮间隙的检测

方法：安装好凸轮轴，按照顺时针方向转动曲轴，直到待检查的液压挺杆的凸轮朝上为止，测量液压挺柱与凸轮间隙。

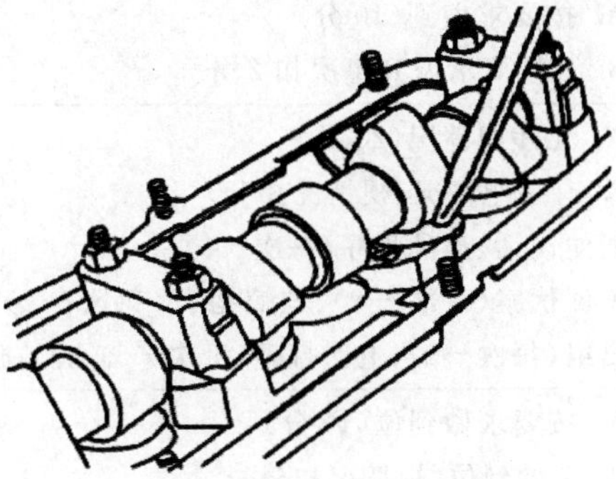

所用工具：________________________________。

任意选择一缸的液压挺柱进行检测，将结果填入下表中

气缸	标准值(mm)	测量值(mm)	结论(正常/更换)
	≤0.2		

(6)气缸盖下平面的检测

方法：检测 6 个方向的平面度误差

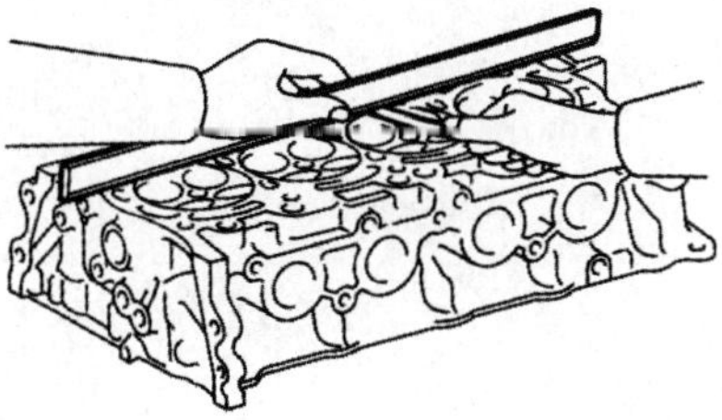

所用工具：________________________________。

检测数据

方向	数值(mm)	方向	数值(mm)
1		2	
3		4	
5		6	

结论：________________________________。

评分表

序号	日常表现项目	配分	评分标准	分数
1	目标达成率	60 分	工作页填写(20%)+检修技能(40%)	
2	课堂准备情况	10 分	是否做到三带(笔、记录本、课本),一穿(实训服)。 A. 按要求做到(10 分) B. 未按要求做到每次扣 2 分	
3	课堂纪律	20 分	A. 无违纪情况(20 分) B. 有违纪情况(视情况扣分) 随便说话、扰乱秩序(每次−3) 上课伏案(每次−2)、勾肩搭背(每次−2)、实训窜组(每次−2)、上课打闹(每次−5)、允许倒扣	
4	“7S”素养	10 分	A. 按要求做到位(10 分) B. 未做到位(视情况扣分) 座位有垃圾(−2)、桌面凌乱(−2)、未穿实训服(−2)、违反安全操作(−10)、工位整理不到位(−3)、允许倒扣	
总分				

项目三　汽车发动机曲柄连杆机构的拆装与检修

任务 3.1　汽车发动机曲柄连杆机构的认知

提出任务

张先生有一辆雪佛兰科鲁兹轿车，已行驶了 15 万 km，起步和爬坡出现动力不足现象，并且汽缸伴随有敲缸声，经初步判断是曲柄连杆机构的磨损，你能帮他解决这个问题吗？

任务要求

知识要求

1. 掌握曲柄连杆机构的功用及组成。
2. 熟悉曲柄连杆机构的结构原理。
3. 能够描述出曲柄连杆机构各个部件及作用。
4. 识别 AJR 发动机曲柄连杆机构的装配图。

能力要求

掌握曲柄连杆机构的组成、结构原理及主要零部件构造，并通过操作熟悉曲柄连杆机构的装配关系和运动关系。

知识准备

一、曲柄连杆机构的功用

曲柄连杆机构是发动机的主要运动机构。曲柄连杆机构的作用是提供燃烧场所，把燃料燃烧后产生的气体作用在活塞顶上的膨胀压力转变为曲轴旋转的转矩，不断输出动力。方法有：

(1)将气体的压力变为曲轴的转矩；

(2)将活塞的往复运动变为曲轴的旋转运动；

(3)把燃烧作用在活塞顶上的力转变为曲轴的转矩，以向工作机械输出机械能。

二、曲柄连杆机构的组成

曲柄连杆机构一般由机体组、活塞连杆组和曲轴飞轮组三部分组成(图 3-1)。

(1)机体组:汽缸盖罩、汽缸盖、汽缸垫、汽缸体、曲轴箱、油底壳、汽缸套等。

(2)活塞连杆组:活塞、活塞环、活塞销、连杆等。

(3)曲轴飞轮组:曲轴、飞轮、扭转减震器、平衡轴等。

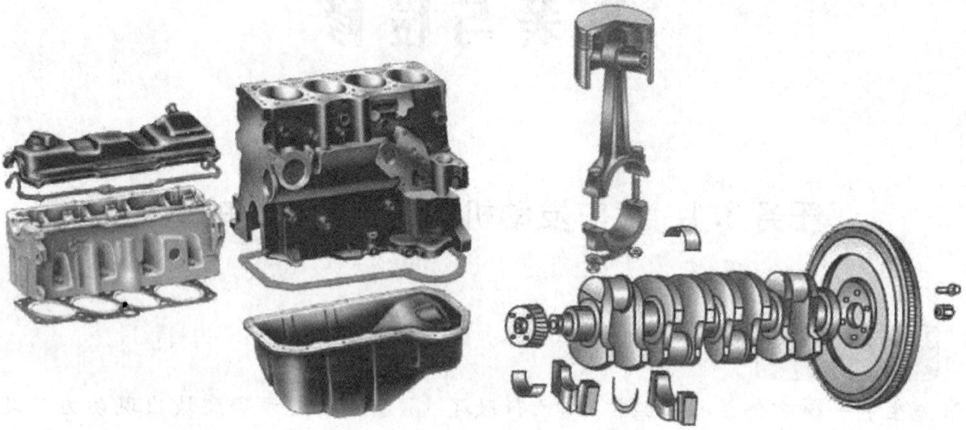

图 3-1 曲柄连杆机构

三、机体组

汽车发动机机体组是构成发动机的骨架,是发动机各机构和各系统的安装基础,其内、外安装着发动机的所有主要零件和附件,承受各种载荷。机体组主要由汽缸体、曲轴箱、汽缸盖、汽缸盖罩、汽缸垫及油底壳等零件组成,如图 3-2 所示。

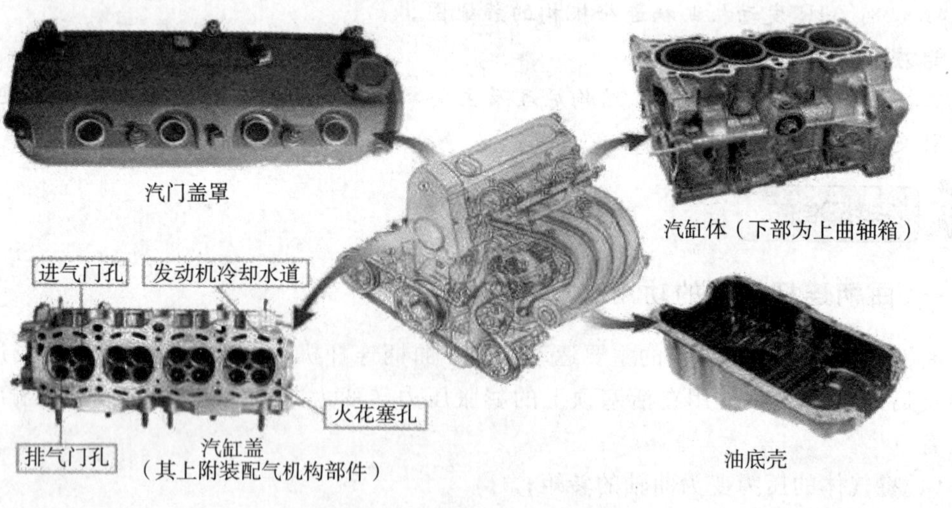

图 3-2 机体组

四、活塞连杆组

活塞连杆组是将燃烧过程中获得的动力传递给曲轴,以驱动汽车车轮转动及带动其他附属装置。活塞连杆组主要包括活塞、活塞环、活塞销、连杆及连杆轴等部件组成，如图 3-3 所示。

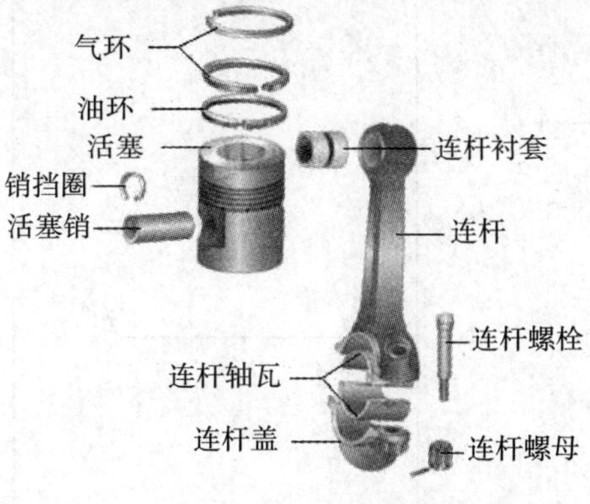

图 3-3　活塞连杆组

五、曲轴飞轮组

曲轴飞轮组的作用是把活塞的往复运动转变为曲轴的旋转运动，为汽车的行驶和其他需要动力的机构输出扭矩。同时还储存能量，用以克服非做功行程的阻力，使发动机运转平稳。曲轴飞轮组主要由曲轴、飞轮、正时齿轮或正时链轮、V 带轮及曲轴扭转减振器等组成，图 3-4 为发动机的曲轴飞轮组结构图。

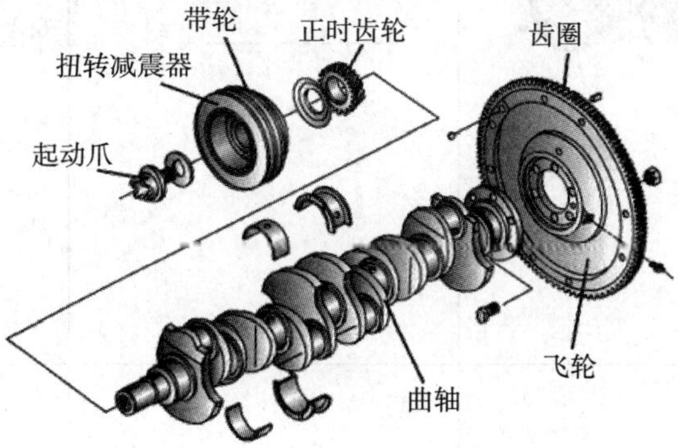

图 3-4　发动机曲轴飞轮组

任务实施

工作准备

学习资料：教材、多媒体课件任务工单

设施设备：发动机整机、曲柄连杆机构散件

实施过程

1. 识别曲柄连杆机构的类型组成

典柄连杆机构的类型组成

结构图	组成	零件名称
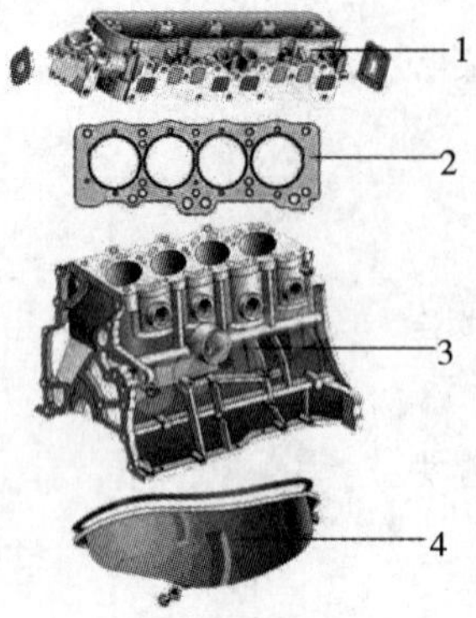	________组	1. ________ 2. ________ 3. ________ 4. ________
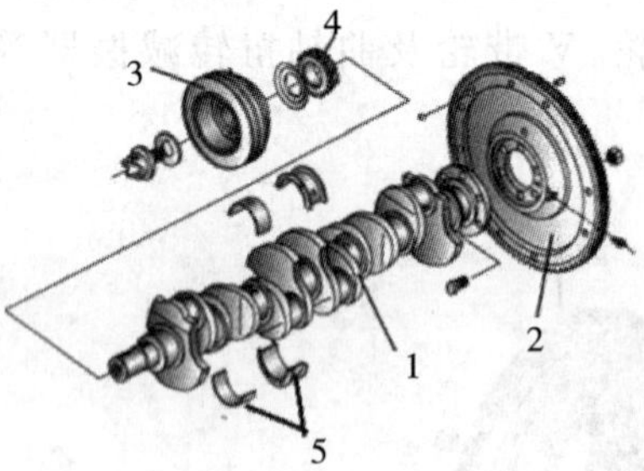	________组	1. ________ 2. ________ 3. ________ 4. ________ 5. ________ 6. ________ 7. ________ 8. ________ 9. ________ 10. ________ 11. ________
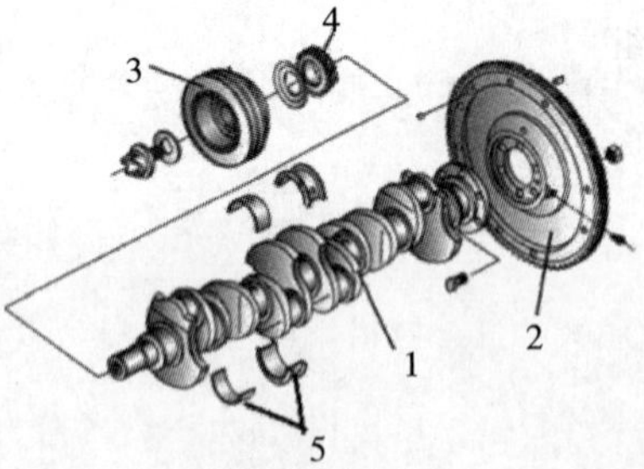	________组	1. ________ 2. ________ 3. ________ 4. ________ 5. ________

2. 识别曲柄连杆机构主要部件结构特征

1)汽缸体

要求:写出汽缸体的各部分结构组成。

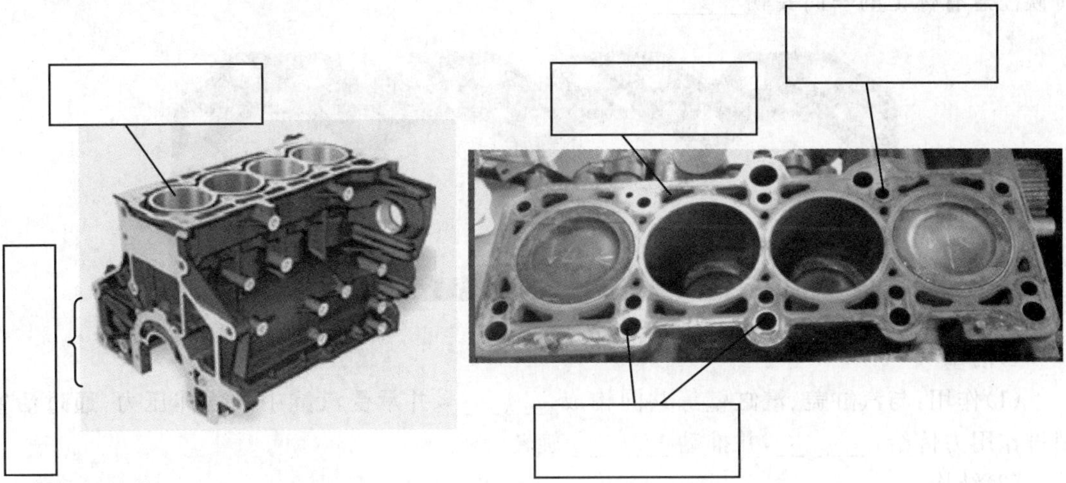

2)汽缸盖

(1)作用:用于封闭汽缸的上部,并与汽缸和活塞顶部共同构成________。

(2)结构。

要求:在下列方框中填入结构名称。

3)汽缸垫

汽缸垫的作用是填补汽缸体和气缸盖之间的________,防止气缸漏________,漏________,漏________。现在汽车上的汽缸垫比较常用的材料为________;汽缸垫在安装的时候注意有标记的一面要朝________。

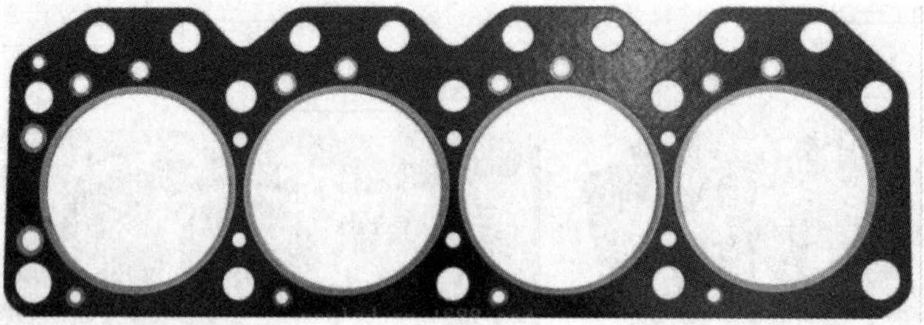

4)活塞

(1)作用:与汽缸盖、汽缸壁等共同构成________,并承受汽缸中的气体压力,通过活塞销将作用力传给________,并推动________旋转。

(2)结构。

要求:在下列方框中填入结构名称。

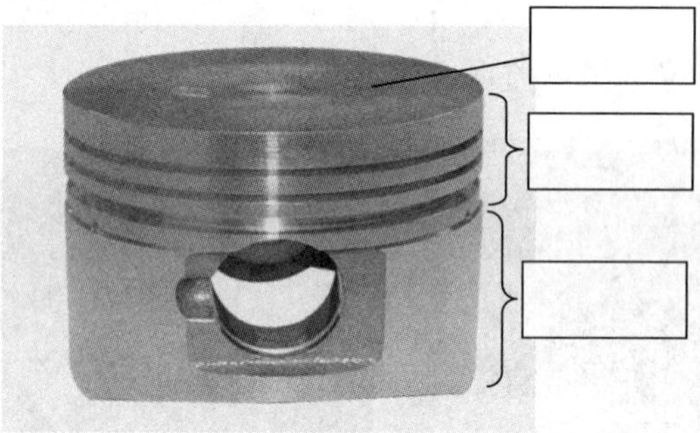

5)活塞环

(1)类型

________环,一般________道,作用________________________________。

________环,一般________道,作用________________________________。

(2)在下列方框中标出活塞环的类型

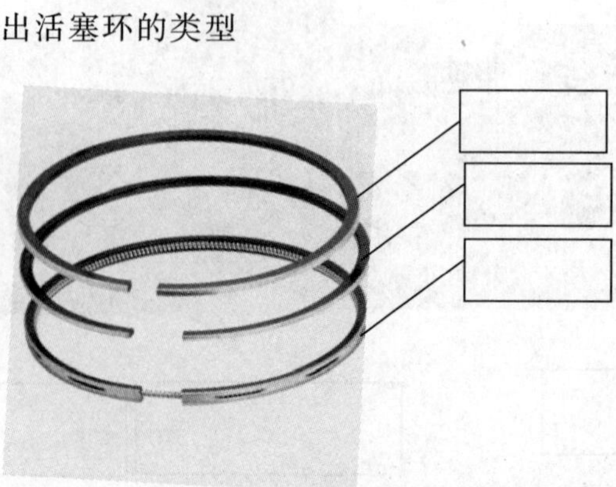

(3)活塞环三隙

在下列方框中填入活塞环间隙名称。

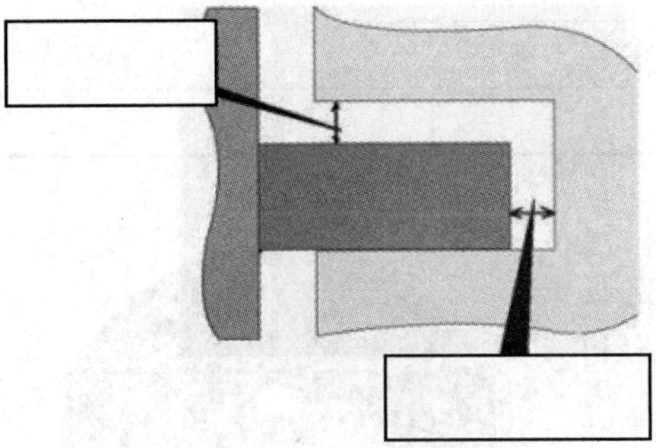

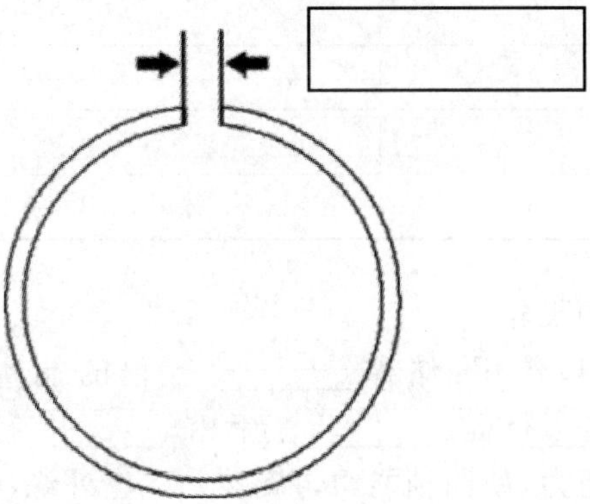

6)连杆

在下列方框中填入结构名称。

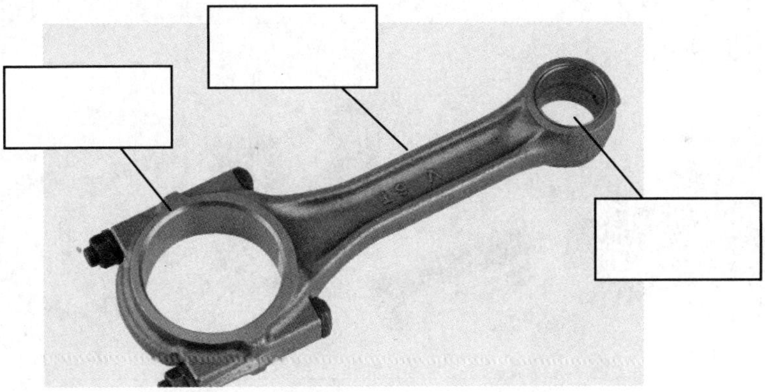

7)曲轴

写出曲轴各部分的结构名称以及作用。

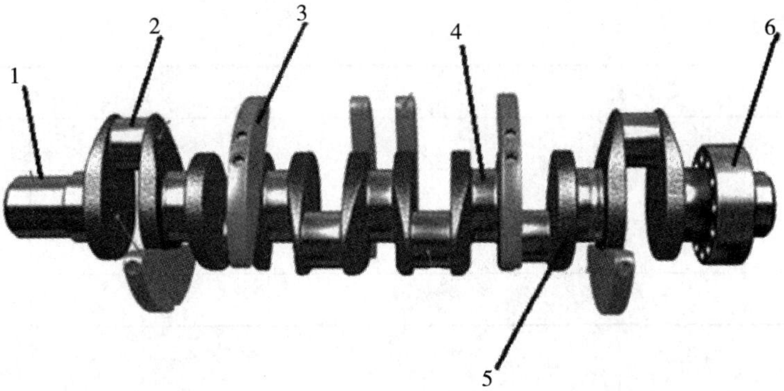

序号	名称	作用
1		
2		
3		
4		
5		
6		

8)飞轮

(1)作用:储存________行程的能量,用于克服________行程、________行程和________行程的阻力和其他阻力,使曲轴能均匀旋转。飞轮外缘压有________与起动机的驱动齿轮啮合,供起动发动机用。对于手动挡的汽车,________也安装在飞轮上,利用飞轮后端面作为驱动件的摩擦面,用来对外传递动力。

9)其他部件

写出零部件名称。

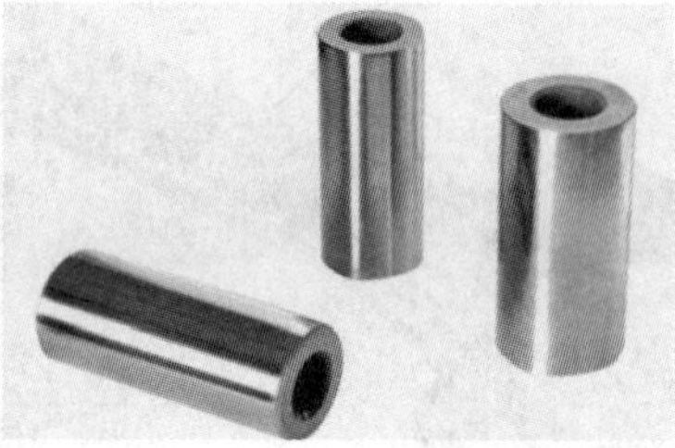

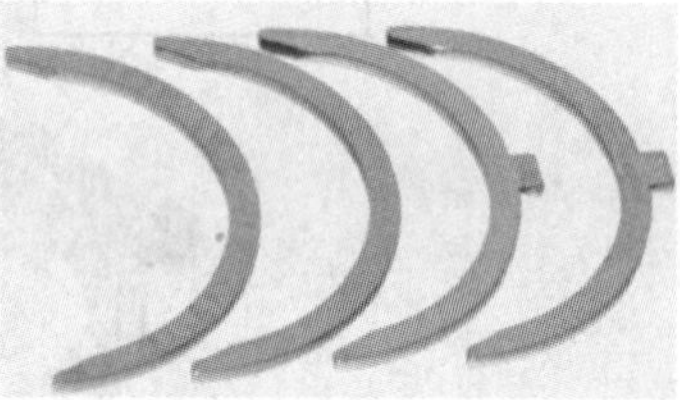

________________　　________________　　________________

想一想

(1)6 缸发动机的做功间隔角为________度,8 缸发动机的做功间隔角为________度。

(2)根据发动机的工作原理及工作顺序,在下面表格中填入各缸的工作行程。(发动机气缸工作顺序为 1—3—4—2)

曲轴转角	1 缸	2 缸	3 缸	4 缸
0°～180°				
180°～360°				
360°～540°				
540°～720°				

考核评价

本任务评价分四轮,第一轮:学生小组内一对一互评;第二轮:学生跨小组互评(全覆盖)；第三轮：老师考核(填写表单全覆盖、实物抽考 40%以上)；第四轮：系部/学院考核(填写表单全覆盖、实物抽考占班级人数比例 10%以上，抽考知识技能项目，其他考核分值参考任课老师的评价)。

评分表

序号	考核内容	配分	评分标准	考核记录	得分
1	知识技能	70	倒扣制：上述所有任务表单每错一处扣 5 分		
2	帮助同学	20	帮助同学		
3	学习能力	5	查阅资料能力、完成质量及速度等		
4	情感态度	5	自我学习态度，与同学配合、服从意识等		
5	知识拓展	8	加分项(每项 4 分)		
6	考核作弊		作弊每次扣 15 分		
7	分数总计	108			

任务 3.2　汽车发动机曲柄连杆机构的拆装

提出任务

张先生有一辆雪佛兰科鲁兹轿车，已行驶了 15 万 km，起步和爬坡出现动力不足现象，并且汽缸伴随有敲缸声，经初步判断是曲柄连杆机构的磨损，你能帮他解决这个问题吗？接下来我们着手来解决。

任务要求

知识要求

能识别汽车发动机曲柄连杆机构的装配组成图，并弄清楚它们之间的装配关系。

能力要求

按维修规范熟练拆装 AJR 发动机的曲柄连杆机构。

知识准备

一、工具设备及资料准备

(1)设施设备：桑塔纳轿车 AJR 发动机、拆装台、零件车、工具车。

(2)拆装工具：扭力扳手、世达 120 件维修工具、桑塔纳 AJR 发动机专修工具、活塞环拆装钳、活塞环压缩器等。

(3)资料准备：学习材料、多媒体课件、AJR 发动机机械拆装维修手册、拆装视频、任务工单。

二、发动机曲柄连杆机构装配组成图的认知(图 3-5、图 3-6)

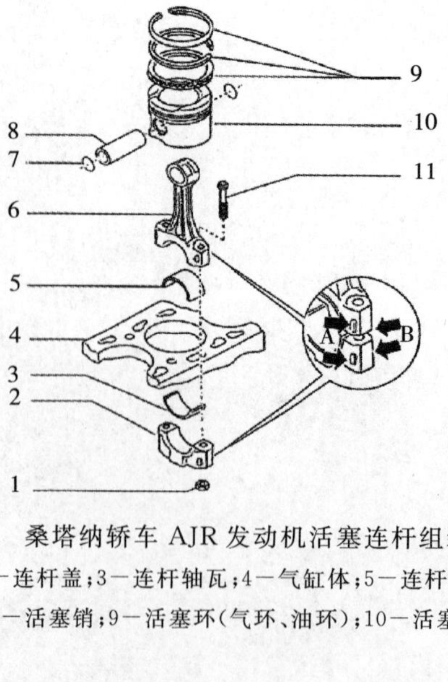

图 3-5　桑塔纳轿车 AJR 发动机活塞连杆组装配图

1—连杆螺母；2—连杆盖；3—连杆轴瓦；4—气缸体；5—连杆轴瓦；6—连杆；7—活塞销挡圈；8—活塞销；9—活塞环(气环、油环)；10—活塞；11—连杆螺栓

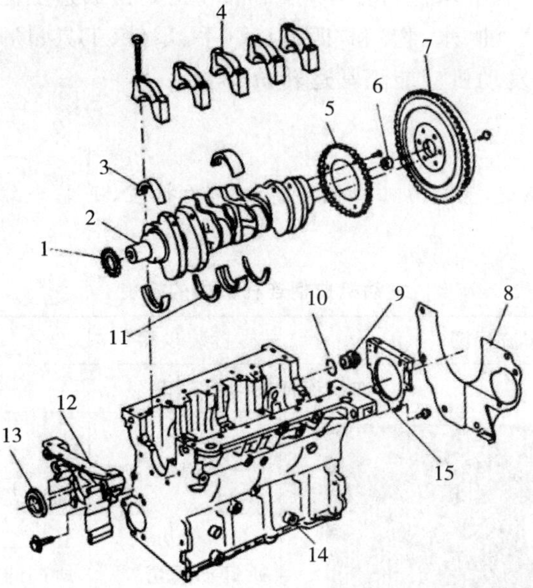

图 3-6　桑塔纳轿车 AJR 发动机曲轴飞轮组装配图

1—曲轴链轮；2—曲轴；3—主轴瓦；4—曲轴轴承盖；5—脉冲传感器信号盘；6—滚针轴承；7—飞轮；8—中间支板；9—螺塞；10—O 型圈；11—止推垫片；12—曲轴前油封法兰；13—曲轴前油封；14—气缸体；15—曲轴后油封法兰

三、拆装注意事项及要求

(1)拆卸活塞连杆组时，各缸的活塞连杆组按顺序摆放，不得互换，装配的时候按照顺序装回，并注意朝前标记要对着发动机的前端，也就是曲轴带轮的这一端。

(2)活塞环在拆卸的时候用专业的活塞环拆装工具，先拆第一道气环，后拆第二道气环；装配的时候，先装第二道气环，再装第一道气环，装组合式油环的时候先装中间衬环，再装上下刮油环，并且所有的活塞环开口要错开。对于两道气环，一道组合式油环的开口错开方式如图 3-7 所示。

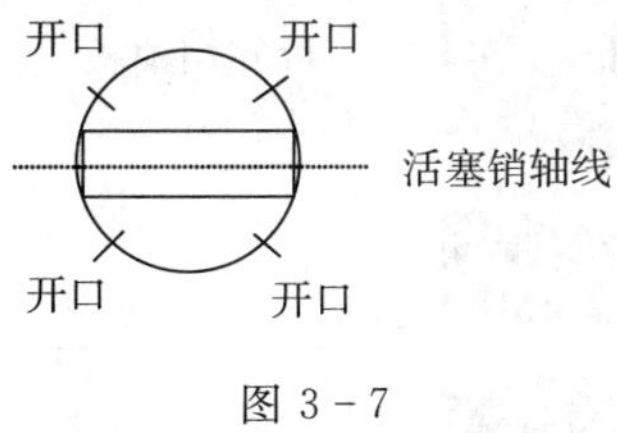

图 3-7

注意：活塞环开口要避开活塞销轴线方向，其中一二道气环开口错开 180°，油环开口与气环错开 90°。

(3)在拆卸曲轴轴承盖的时候按照从两边向中间的顺序进行拆卸，装配的时候顺序相反。

(4)相关的密封圈在装配前要清洁干净并在四周涂抹一层薄润滑油，轴瓦在装配的时候也要清洁干净。

(5)装配时，各紧固螺栓要按照规定的拧紧力矩拧紧，不允许松动或用蛮力拧死。

(6)严格按拆装顺序和要求进行操作，零部件和工具摆放适当区域并摆放整齐。

(7)坚持“三不落地”(油、水、物)和“四清洁”(手、零件、工具、场地)。

(8)各部件装复后，发动机应能正常运转。

任务实施

要求：按照表中步骤进行发动机曲柄连杆机构的拆装，并结合维修手册完成表格相关内容的填写。

发动机曲柄连杆机构的拆装

序号	操作流程图	拆装步骤	相关要素
曲柄连杆机构的拆卸			
1		拆卸油底壳	油底壳紧固螺栓的数量：________个。 所用的工具： ________________ 拆卸顺序：________
2		取下油底壳密封垫	
3		拆卸挡油板	所用的工具： ________________
4		拆卸曲轴正时齿轮	所用的工具： ________________

（续表）

序号	操作流程图	拆装步骤	相关要素
5		拆卸曲轴前端法兰	所用的工具：________
6		拆卸机油泵链条张紧器	所用的工具：________
7		拆卸机油泵及链条	所用的工具：________
8		转动曲轴使2、3缸活塞处于下止点位置	
9		拆卸 2、3 缸活塞连杆组	拆卸前要检查________记号， 如没有则________。 该发动机有无记号：________ 所用的工具：________

（续表）

序号	操作流程图	拆装步骤	相关要素
10		转动曲轴使1、4缸活塞处于下止点位置，拆卸1、4缸活塞连杆组	
11	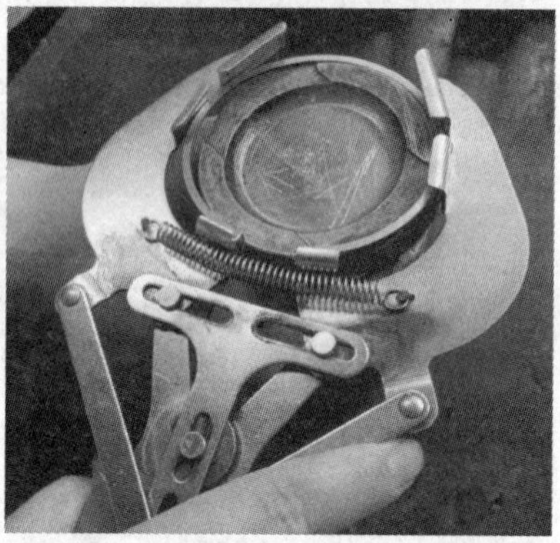	拆卸气环	所用的工具： ______ 观察气环的断面形状： 1道：______ 2道：______
12		拆卸油环	观察油环的类型为：______
13		拆卸飞轮	飞轮紧固螺栓的数量：______个。 所用的工具： ______ 拆卸顺序：______
14		拆卸曲轴后端法兰	所用的工具： ______

（续表）

序号	操作流程图	拆装步骤	相关要素
15		拆卸曲轴主轴承盖	所用的工具： ________________ 拆卸的顺序： ________________ 轴承盖上的记号：________
16		取下止推片	
17		取出曲轴	
18		取下曲轴主轴瓦	各道的主轴瓦________互换
曲柄连杆机构的安装			
1	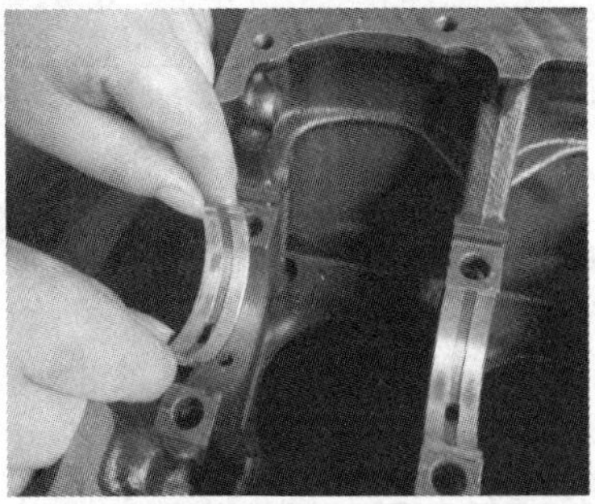	安装曲轴的下主轴瓦并进行润滑	

（续表）

序号	操作流程图	拆装步骤	相关要素
2		放上曲轴并转动 2 周，应转动灵活，无卡滞	
3	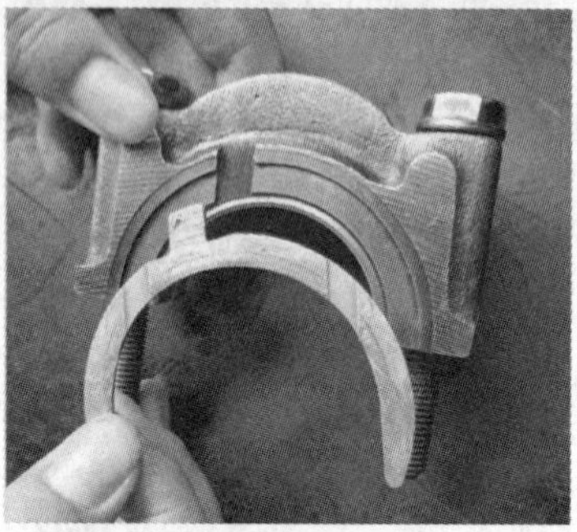	安装止推片	止推片的一面有________，应朝向________
4	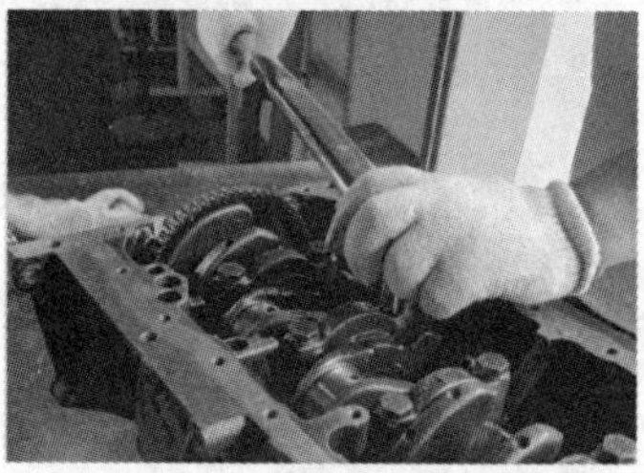	安装各道主轴承盖	所用的工具：________ 安装的顺序：________ 螺栓拧紧力矩：________
5	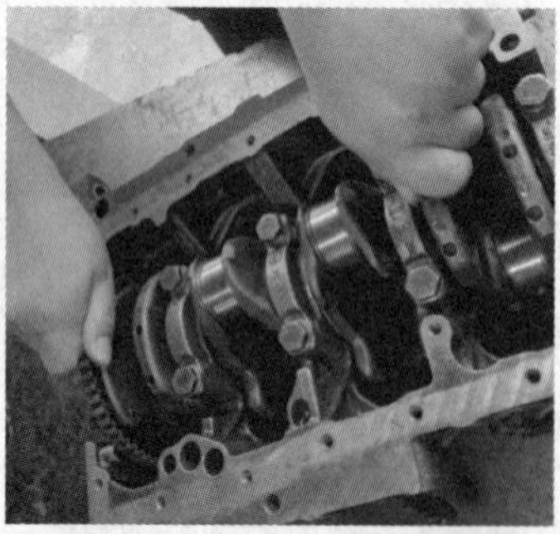	转动曲轴 2 周，应转动灵活、无卡滞现象	
6		安装曲轴后端法兰	固定螺栓的拧紧力矩：________

（续表）

序号	操作流程图	拆装步骤	相关要素
7		安装飞轮	螺栓的安装顺序：__________ 螺栓拧紧力矩： ________________
8	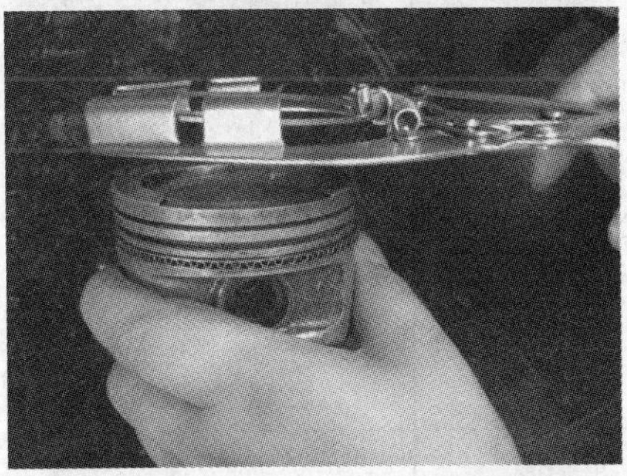	安装油环和气环	各道活塞环的开口要______。对于2道气环，1道油环的，气环开口相互错开______度，与油环错开______度
9		安装活塞连杆组	所用的工具： ________________ 连杆螺栓的拧紧力矩：________
10		安装机油泵总成	固定螺栓的拧紧力矩：________

（续表）

序号	操作流程图	拆装步骤	相关要素
11		安装机油泵链条张紧器	固定螺栓的拧紧力矩：________
12		安装曲轴前端法兰	固定螺栓的拧紧力矩：________
13		安装曲轴正时齿轮	固定螺栓的拧紧力矩：________
14		安装油底壳密封垫及油底壳	螺栓安装顺序：________ 拧紧力矩：________

发动机曲柄连杆机构拆装考核表

考核时间	序号	项目	配分	评分标准	得分
发动机曲柄连杆机构的拆装用时60min		拆卸			
	1	前期准备	4	酌情扣分	
	2	拆卸油底壳	4	未正确操作扣4分	
	3	取下油底壳密封垫	2	未正确操作扣2分	
	4	拆卸挡油板	2	未正确操作扣2分	
	5	拆卸曲轴前端正时齿轮	3	未正确操作扣3分	
	6	拆卸曲轴前端法兰	2	未正确操作扣2分	
	7	拆卸机油泵链条张紧器	2	未正确操作扣2分	
	8	拆卸机油泵及链条	2	未正确操作扣2分	
	9	转动曲轴使2、3缸活塞处于下止点位置	2	未转动扣2分	
	10	拆卸2、3缸活塞连杆组	5	酌情扣分	
	11	转动曲轴使1、4缸活塞处于下止点位置，拆卸1、4缸活塞连杆组	5	酌情扣分	
	12	拆卸气环	2	未正确操作扣2分	
	13	拆卸油环	2	未正确操作扣2分	
	14	拆卸飞轮	4	酌情扣分	
	15	拆卸曲轴后端法兰	2	未正确操作扣2分	
	16	拆卸曲轴主轴承盖	4	酌情扣分	
	17	取下止推片	2	未正确操作扣2分	
	18	取出曲轴	2	未正确操作扣2分	
	19	取下曲轴主轴瓦	2	未正确操作扣2分	
		安装			
	20	安装曲轴的下主轴瓦并进行润滑	3	未正确操作扣3分	
	21	放上曲轴并转动2周，应转动灵活，无卡滞	2	未正确操作扣2分	
	22	安装止推片	2	未正确操作扣2分	
	23	安装各道主轴承盖	5	酌情扣分	
	24	转动曲轴2周，应转动灵活、无卡滞现象	2	未正确操作扣2分	
	25	安装曲轴后端法兰	2	未正确操作扣2分	
	26	安装飞轮	4	酌情扣分	
	27	安装油环和气环	4	酌情扣分	
	28	安装活塞连杆组	8	酌情扣分	
	29	安装机油泵总成	2	未正确操作扣2分	
	30	安装机油泵链条张紧器	4	酌情扣分	
	31	安装曲轴前端法兰	2	未正确操作扣2分	
	32	安装曲轴正时齿轮	3	酌情扣分	
	33	安装油底壳密封垫及油底壳	4	酌情扣分	
	34	后期整理	4	酌情扣分	

总评表

序号	日常表现项目	配分	评分标准	分数
1	目标达成率	60 分	工作页填写(20%)+拆装技能(40%)	
2	课堂准备情况	10 分	是否做到三带(笔、记录本、课本),一穿(实训服)。 A. 按要求做到(10 分) B. 未按要求做到每次扣 2 分	
3	课堂纪律	20 分	A. 无违纪情况(20 分) B. 有违纪情况(视情况扣分) 随便说话、扰乱秩序(每次－3) 上课伏案(每次－2)、勾肩搭背(每次－2)、实训窜组(每次－2)、上课打闹(每次－5)允许倒扣	
4	“7S”素养	10 分	A. 按要求做到位(10 分) B. 未做到位(视情况扣分) 座位有垃圾(－2)、桌面凌乱(－2)、未穿实训服(－2)、违反安全操作(－10)、工位整理不到位(－3)允许倒扣	
总分				

任务3.3　汽车发动机曲柄连杆机构的检修

任务要求

知识要求

1. 能正确检修机体组；
2. 能正确检修活塞连杆组中的活塞及活塞环；
3. 能正确检修曲轴飞轮组。

能力要求

通过对机体组、活塞连杆组以及曲轴飞轮组的检修，更加深刻地了解曲轴连杆机构的构造，并熟悉掌握相关检修方法与步骤。

知识准备

一、机体组的检修

1. 汽缸盖的检修

汽缸盖变形是指汽缸盖与汽缸相结合的工作平面产生了翘曲或凹陷等现象。检修时，可用钢板尺或卡尺靠在汽缸盖工作平面上，并用厚薄规测量其变形尺寸(最大挠度)，如图3-7所示。若变形尺寸小于0.05mm，属正常可继续使用；否则，必须进行修理。若超过0.2mm，应更换新件。

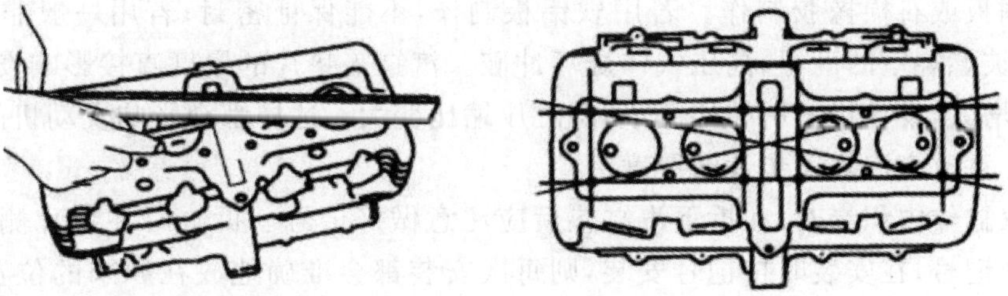

用厚薄规测量汽缸盖安装面的翘曲或凹陷

图3-7　汽缸盖检修

2. 汽缸圆度的检查

在活塞及活塞环滑动部分的上部、中部和下部3个位置的径向 A 及垂直方向 B，共计6个位置，使用真圆度仪进行测量。若汽缸的圆度超过极限，则应对汽缸进行镗缸修理或更换汽缸，如图3-8所示。

3. 汽缸体端面的检修

先将汽缸体上端面附有的衬垫等物清除干净，然后用厚薄规测量直尺与汽缸体端面间的间隙，且要多测几个点的间隙，如图3-9所示。若测量值大于使用极限值，则说明汽缸体端面变形，应研磨汽缸体端面。若汽缸体端面变形严重而无法修复，则应更换汽缸体。

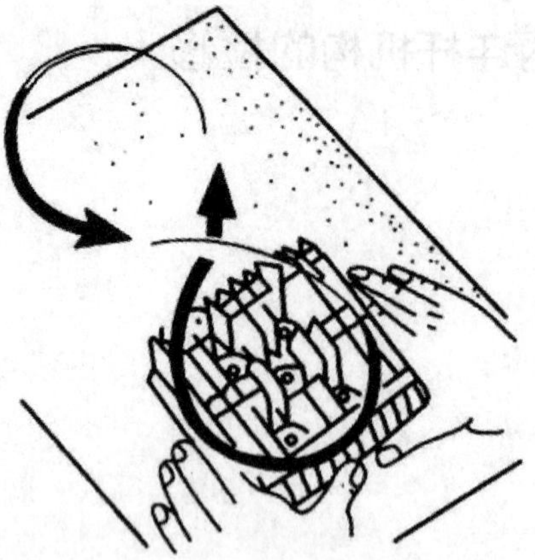

图 3-8 汽缸圆度的检查

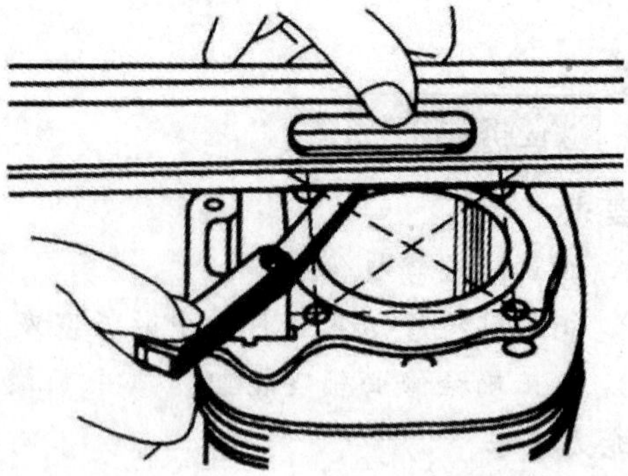

图 3-9 汽缸体端面的检修

4. 汽缸垫漏气的检修

发动机汽缸盖和汽缸之间漏气，不仅会使发动机启动困难，而且会使发动机的功率降低。发动机工作时，汽缸和汽缸盖结合处，若有油渗出和冒气泡，说明是漏气了，应检查汽缸盖上的紧固螺钉(或螺母)是否拧紧。若有松动现象，应重新拧紧。拧紧时应对称均匀地拧。若拧紧后仍然有油迹出现，则应拆下汽缸盖，检查汽缸盖垫片是否损坏。若已损坏应更换新件。

当拆下汽缸盖后发现漏气部位有严重的黑色积炭时，应检查汽缸盖是否损伤或翘曲变形，要考虑修理或更换。更换汽缸盖垫片时要尽量用生产厂家的合格配件。如果一时没有现成配件，也可以自己制作。自己制作时应正确选择材料并保证适当的厚度。汽缸盖垫片最好用紫铜板或石棉橡胶制作。若用软铝板制作，不能保证密封；若用一般非金属材料制作，又容易被燃烧室的高温、高压气体烧坏冲破。汽缸盖垫片的厚度直接影响发动机的压缩比，即厚度增大，发动机的压缩比变小，反之压缩比变大。这样都会影响发动机的工作性能，因而不能任意改变汽缸盖垫片的厚度。

清除汽缸体内积炭时，在拆下汽缸垫后应注意做好记号。拆缸时在垫片侧边与缸体接触处刻一个记号，在安装时按记号安装，则每次安装都会准确地放在原来的位置上，极易上紧，且密封性好，不会漏气或漏油。

5. 汽缸体或汽缸盖裂纹的检修

汽车行驶在凸凹不平的道路上，由于产生剧烈的震动以及使用时间过长，会使曲轴箱的某些部位产生裂纹。若裂纹严重，或处在重要部位，则需更换新的曲轴箱。

对曲轴箱体或箱盖的某些部位产生的裂纹，可根据实际情况予以修补。其修补方法：首先将裂纹处及周围的油污清除干净，并在裂纹处两端分别钻一个小直径的止裂孔，顺裂纹开出 V 形槽，槽不宜过宽(根据零件的结构形状，槽深至裂纹底部最好，对结构不允许者可不开槽)。然后再用丙酮将 V 形槽及其周围清洗干净，接着把环氧树脂胶按比例调匀后填平 V 形槽，并在槽的周围涂上一层胶，剪一块大小适宜的脱脂纱布或玻璃丝布，两面涂上胶，稍干后将其准确地贴到裂纹处，待布块粘牢后在其上再涂一层胶。贴上 2～3 层脱脂纱布或玻璃丝布，且外层布块面积稍大于内层，最后涂上一层胶，待其充分凝固后即可安装使用。

二、 活塞连杆组的检修

1. 活塞的检修

1)活塞的磨损

活塞的常见损伤有活塞环槽磨损、活塞裙部磨损和活塞销与活塞销座孔的磨损等。

(1)活塞环槽的磨损

活塞环槽是活塞最大的磨损部位,通常第一道活塞环槽的磨损最为严重,以下第二、第三、第四道环槽的磨损程度依次减轻。磨损后的环槽断面成梯形,外宽里窄,侧隙增大,导致气缸漏气、窜油,使发动机动力性能下降、润滑恶化和燃烧室大量积炭等。

(2)活塞裙部磨损

活塞裙部的磨损较小,通常是由于侧压力和惯性力作用而形成椭圆形磨损和擦伤。当活塞裙部与气缸壁间隙过大时,发动机易出现敲缸和严重的窜油现象。

(3)活塞销与销座孔的磨损

通常活塞销与销座孔的磨损是由于气体压力和惯性力作用形成椭圆形磨损,其最大磨损部位是座孔的上下方向,使活塞与销的配合松旷,产生异响。

2)活塞的非正常损坏

活塞在工作中,还会出现以下几种非正常的损坏形式,如刮伤、烧伤和脱顶等破损。

(1)活塞刮伤

活塞刮伤(也称“拉缸”)的主要原因有活塞销与销座孔配合过紧;活塞与汽缸壁之间的间隙过小,不能形成良好的润滑油膜;汽缸壁表面严重不清洁,存有较大和较多的机械杂质,使活塞刮伤;活塞销卡簧脱出或折断而刮伤汽缸壁或活塞;连杆弯曲、扭曲严重,破坏了活塞与汽缸的正常配合间隙。

(2)活塞顶烧伤

活塞顶烧伤主要原因是由于发动机在超负荷条件下长时间工作,或在强烈爆燃的条件下长时间工作,而造成活塞顶或侧面局部或大面积熔化。

(3)活塞破损

常见的活塞破损现象是活塞脱顶,即活塞头部与裙部分离。其主要原因是活塞环开口间隙过小,工作中受高温膨胀后在汽缸中卡死;发动机长时间在高温、大负荷条件下工作,活塞受冲击严重或冷却液不足等,使发动机过热,引起活塞机械强度降低;活塞制造时有缺陷等。严重的活塞销响或活塞敲缸响,若不及时排除,也可能会造成活塞异常损坏。

3)活塞销座孔磨损

活塞在工作时,由于气体压力和交变惯性力的作用,使活塞销与销座孔之间发生磨损,其最大磨损发生在座孔上下方向,垂直于活塞销座孔与活塞轴线平行的方向,导致销与座孔配合松旷,出现类似于敲缸的声音。

4)活塞的选配

当气缸的磨损超过规定值及活塞发生异常损坏时,必须对汽缸进行修复,并且要根据汽缸的修理尺寸选配活塞。选配活塞时要注意以下几点:

① 选用同一修理尺寸和同一分组尺寸的活塞。活塞裙部的尺寸是镗磨气缸的依据，即汽缸的修理尺寸是哪一级，也要选用哪一级修理尺寸的活塞。由于活塞的分组，只有在选用同一分组活塞后，才能按选定活塞的裙部尺寸进行镗磨气缸。

② 同一发动机必须选用同一厂牌的活塞。活塞应成套选配，以保证其材料和性能的一致性。

③ 在选配的成套活塞中，尺寸差和质量差应符合要求。成套活塞中，其尺寸差一般为0.02～0.025mm，质量差一般为4～8g，销座孔的涂色标记应相同。

新型汽车的活塞与汽缸的配合都采用选配法，在汽缸的技术要求确定的前提下，重点是选配相应的活塞。活塞的修理尺寸级别一般分为＋0.25mm、＋0.50mm、＋0.75mm、＋1.00mm四级，有的只有一至两个级别。在每一个修理尺寸级别中又分为若干组，通常分为3～6组不等，相邻两组的直径差为0.010～0.015mm。

选配时，要注意活塞的分组标记和涂色标记。有的发动机为薄型气缸套，活塞不设置修理尺寸，只区分标准系列活塞和维修系列活塞，每一系列活塞中也有若干组供选配。活塞的修理尺寸级别代号常打印在活塞顶部。桑塔纳(1.8L)发动机活塞的分组与气缸直径见表3-1所示。

表3-1　桑塔纳(1.8L)发动机活塞的分组与汽缸的直径

分组	活塞尺寸/mm	气缸尺寸/mm	配合间隙/mm	备注
基本尺寸	80.98	81.01	0.03	测量活塞时，距活塞裙底边缘15mm处测量
一	81.23	81.26		
二	81.48	81.51		
三	81.98	82.01		

5)活塞的检修

在正常使用过程中，活塞的主要损伤形式是活塞环槽、活塞销座孔及活塞裙部的磨损，其中以活塞环槽的磨损最为严重，活塞裙部由于承压面积较大，润滑条件较好，且具有良好的弹性，所以其磨损较轻。除此之外，发动机长期超负荷工作、燃烧不正常、活塞本身存在制造缺陷、活塞环“三隙”过小或润滑不良等特殊情况下，活塞还会出现烧顶、脱顶、环岸断裂及裙部刮伤等损伤。

直观检视法检查，活塞出现烧顶、脱顶、环岸断裂、明显刷伤、活塞环槽磨损成梯形，可用游标卡尺(或内外径千分尺)测量活塞销与销座孔的配合间隙，过大时一般应更换新活塞。如果只是活塞销座孔磨损严重，在技术要求允许的条件下，也可用可调铰刀对销座孔进行铰削修复，并更换相应修理尺寸的活塞销与之配合，活塞销座孔的铰削方法见表3-2。

表3-2　活塞销座孔的铰削方法

类　别	说　明
选择铰刀	根据活塞销座的尺寸选择合适的长刃铰刀
调整铰刀	将铰刀垂直持到台虎钳上，转动铰刀调整螺母，将铰刀调至刀片刚刚露出销座孔

（续表）

类 别	说 明
铰削销座孔	用两手握住活塞，轻轻下压并推动活塞顺时针转动进行铰削。铰至刀片下端接近活塞下方销座孔的边缘时停止铰削，下压活塞使之从铰刀下方脱出，并松开台虎钳取出铰刀。然后重新将铰刀夹于台虎钳上，将活塞翻转 180°（活塞销座孔上、下方向调换）重新铰削 1 次 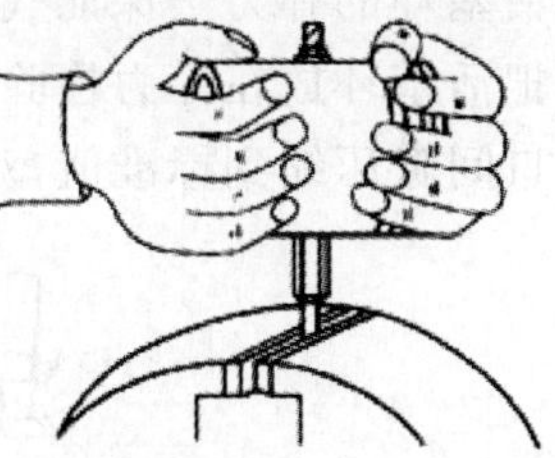 活塞销座孔的铰削（一）
试配	手掌的力量能够将活塞推入一侧销座孔的 1/3 时，表明铰削符合要求，否则应调整铰刀进行进一步铰削。铰削过程中，两手握持要平稳，用力要均匀，而且每调整 1 次铰刀，要从销座孔 2 个方向各铰 1 次 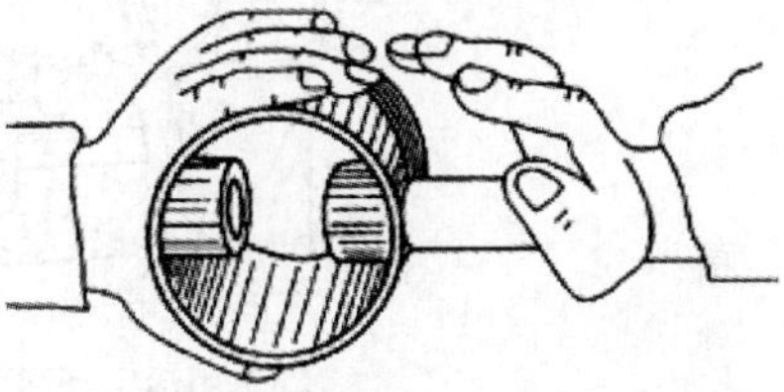 活塞销座孔的铰削（二）
刮削	符合要求后，用木槌或铜锤将活塞销轻轻敲入销座孔中，再用铳头将活塞销从反方向铳出，然后根据销座孔表面的接触痕迹用三角刮刀进行刮削修正。刮削应按照“从里向外、刮大留小、刮重留轻”的原则进行，而且在刮削过程中应边刮边试，以防将销座孔刮得过大。刮削至能够用手掌的力量将活塞销推入 1/2～2/3，接触面积达 75%以上均匀分布时停止刮削

2. 活塞环的检修

1)活塞环的失效

活塞环在工作时，由于受高温、高压和润滑条件差的影响，其磨损失效往往要比汽缸达到磨损极限快。由于活塞环最初不能与汽缸壁表面完全密合，磨合磨损较快。经过磨合磨损后，形成光滑的镜面，活塞环转入运行磨损，则磨损速度减慢。随后活塞与汽缸壁的间隙逐渐增大，活塞倾斜也增大，活塞环形成不规则的磨损，弹力下降，密封性能减弱，润滑油膜不能防止漏窜气体的侵入，从而加速了磨损。

活塞环除正常磨损失效外，还有断裂损坏。除发动机大修时更换外，在两次大修之间，气缸最大磨损每 100mm 缸径达到 0.18～0.22mm 时，也应更换活塞环，以改善发动机的动力性能。

2)活塞环的选配及检测

活塞环在安装时应留有一定的端隙、侧隙和背隙，以防活塞环受热后胀死在环槽内或卡死在气缸内，造成损坏。

在发动机大修时应更换活塞环，更换时应按照汽缸的修理级别选用与汽缸、活塞同一修理级别的活塞环。在维护或小修中，如需更换活塞环时，选用的活塞环修理尺寸级别应与被更换的活塞环相同。不允许使用加大级别的活塞环通过锉销开口端面的方法，来代替较小级别的活塞环使用。

为了保证活塞环与活塞环槽及汽缸的良好配合，在选配活塞环时，还应进行下列检验。

其中任何一项不符合要求时，均应重新选配。

(1)活塞环弹力的检验(图 3－10)

活塞环的弹力是保证气缸密封性的主要条件之一，一般在弹力检验仪上进行检验。检验时把活塞环放在弹力检验仪上，使环的开口处于水平位置，移动检验仪上的量块，把活塞的开口间隙压缩到标准值，观察秤杆上的质量，应符合技术要求。

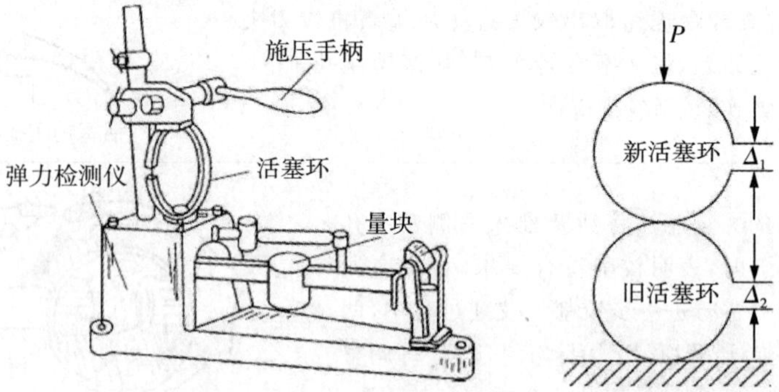

(a)用活塞环弹力检测器检验　　(b)简易检验

图 3－10　活塞环弹力的检验

(2)活塞环漏光度的检验(图 3－11)

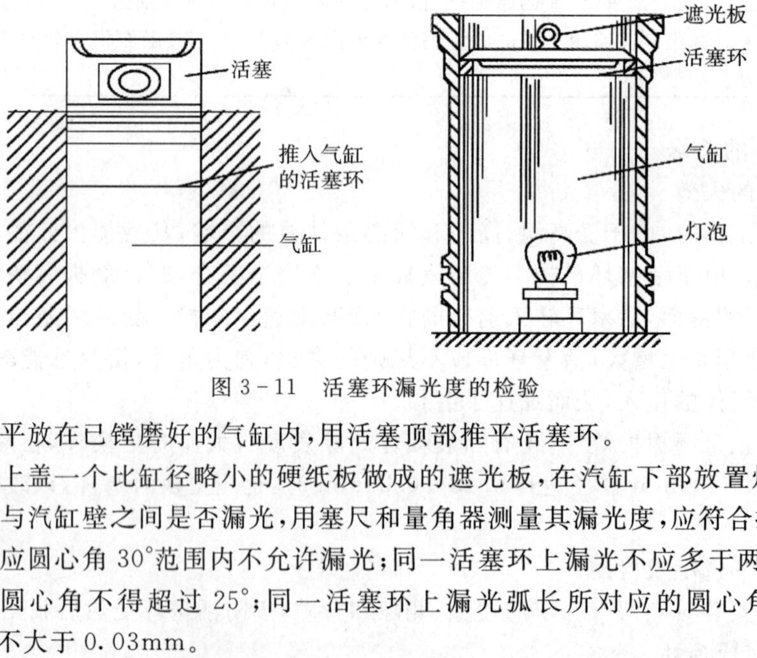

图 3－11　活塞环漏光度的检验

将活塞环平放在已镗磨好的气缸内，用活塞顶部推平活塞环。

在活塞环上盖一个比缸径略小的硬纸板做成的遮光板，在汽缸下部放置灯光照明。观察活塞环外圆与汽缸壁之间是否漏光，用塞尺和量角器测量其漏光度，应符合技术要求——开口处左右对应圆心角 30°范围内不允许漏光；同一活塞环上漏光不应多于两处，每处漏光弧长所对应的圆心角不得超过 25°；同一活塞环上漏光弧长所对应的圆心角总和不超过 45°，漏光缝隙不大于 0.03mm。

(3)活塞环端隙的检验(图 3－12)

将活塞环放在气缸内，用活塞顶将活塞环推正。

用塞尺插入活塞环开口处进行测量，其间隙值应符合以下要求：

① 6BTA5.9 发动机：第一道气环 0.40～0.70mm，第二道气环 0.25～0.55mm，油环 0.25～0.55mm。

② AJR 发动机：第一道气环 0.20～0.40mm，第二道气环 0.20～0.40mm，油环 0.25

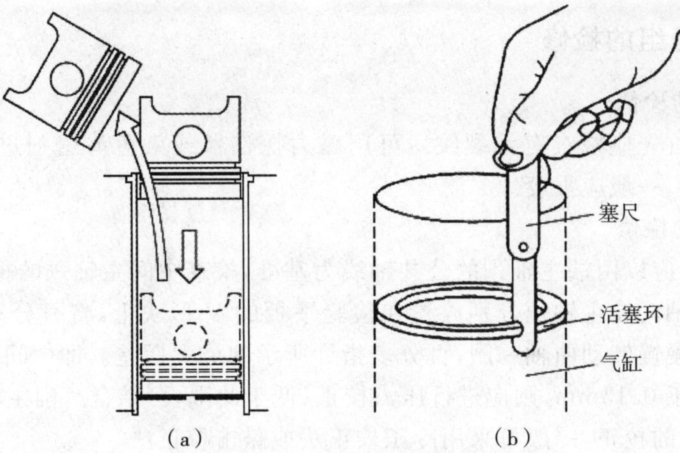

图 3-12　活塞环间隙检测

～0.50mm。

(4)活塞环边隙的检查(图 3-13)

检查时,将环放在环槽内,使活塞环围绕槽转动一圈,环在环槽内应能自由转动,即无阻滞现象。

用塞尺测量边隙,应符合以下要求:

① 6BTA5.9 发动机(最大边隙):第一道环槽 0.115mm,第二道环槽 0.13mm,油环环槽 0.085mm。

② AJR 发动机:气环 0.06～0.09mm,极限值 0.20mm;油环 0.03～0.06mm,极限值为 0.15mm。

边隙过大、过小都应重新选配。

(5)活塞环背隙的检查(图 3-14)

将活塞环放入环槽内,活塞环的宽度应低于活塞环槽岸的宽度;用深度游标卡尺测量时,环槽深度与环的宽度之差即为环的背隙,一般为 0～0.35mm。背隙过大或过小,都应重新选配。目前由于制造工艺比较先进,一般活塞环的边隙和背隙都符合要求,修理厂很少检查活塞环的边隙和背隙。

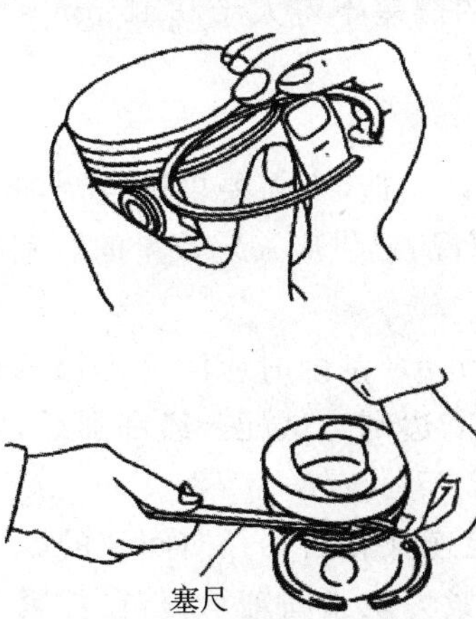

图 3-13　活塞环边隙的检查

图 3-14　活塞环背隙的检查

三、曲轴飞轮组的检修

1. 曲轴裂纹的检修

曲轴清洗后，首先应检查有无裂纹。可用磁力探伤器或染色渗透剂进行裂纹的检验。若曲轴检验出裂纹，一般应报废。

2. 曲轴弯曲的检修

检验弯曲变形应以两端主轴颈的公共轴线为基准，检查中间主轴颈的径向圆跳动误差。

检验时，将曲轴两端主轴颈分别放置在检验平板的V形块上，将百分表触头垂直地抵在中间主轴颈上，慢慢转动曲轴一圈，百分表指针所示的最大摆差。即中间主轴颈的径向圆跳动误差值，若大于0.15mm，则应进行压力校正；低于此限，可结合磨削主轴颈予以修正。

曲轴弯曲变形的校正，一般可采用冷压校正法或敲击校正法。

3. 曲轴扭曲变形的检修

曲轴扭曲变形的检验是将连杆轴颈转到水平位置上，用百分表分别确定同一方位上两个轴颈的高度差，这个高度差即为扭曲变形量。曲轴若发生轻微的扭曲变形，可直接在曲轴磨床上结合对连杆轴颈磨削时予以修正。曲轴扭曲变形的校正可采用液压板杆扭转校正法，并结合火焰局部加热，但这种方法工艺复杂。

4. 曲轴轴颈磨损的检修

对经探伤检查而允许修复的曲轴，必须再进行轴颈磨损量的检查：先检视轴颈有无磨痕和损伤，再测量主轴颈和连杆轴颈的圆度误差和圆柱度误差。对曲轴短轴颈的磨损以检验圆度误差为主，对长轴颈则必须检验圆度和圆柱度误差。曲轴的主轴颈和连杆轴颈磨损后，若其圆度、圆柱度误差超过0.015mm，应按修理尺寸进行光磨。

5. 飞轮的检修

(1)齿圈松动，牙齿两面磨损，多个牙齿损坏，应更换齿圈。

(2)齿圈牙齿单面磨损，可将齿圈翻面继续使用，重镶齿圈时应将齿圈加热到300～350℃时镶到飞轮上。

(3)飞轮工作面磨损呈波浪形或沟槽，当深度超过0.5mm时，应在平面磨床上磨削，加工，但是磨削后的飞轮总厚度的减少量不能超过1.2mm。

(4)飞轮装在曲轴上时，其工作面在半径150mm外的摆差不得大于0.15mm。摆差超过允许极限值时，允许在曲轴后凸缘与飞轮之间加垫片调整。

6. 轴承的检修

现代汽车发动机的曲轴轴承已按直接选配的要求设计制造，不需要再进行刮削。但由于我国汽车配件市场尚不完善，考虑到野外作业等特殊情况，仍供应一定数量的有刮削余量的轴承。

(1)可刮削轴承的预留刮削余量一般为0.03～0.06mm。刮削时应注意：刀要锋利，避免用刀尖刮削；一次刮削面积要小；要刮重困轻、刮大留小、边刮边试配。经刮削后，轴承的径向间隙应符合规定，轴承上的接触印痕的面积应不小于75％。

(2)轴承径向间隙的检验。现在有许多汽车配有检验连杆和曲轴径向间隙的专用塑料线规。检验时，把线规纵向放入轴承中，按原厂规定的拧紧力矩紧固轴承盖，在拧紧过程中应注意防止曲轴转动。然后拆下轴承盖，取出已压展的塑料线规，与附带有的不同宽度色标的量规或第一道主轴承侧面上不同宽度的刻线相对比，塑料线压展宽度相等的刻线所标示的值，即为轴承的间隙值。

(3)轴向间隙的检验与调整。检验时，可用撬棒将曲轴移动靠紧一侧，然后用厚薄规测量另一侧的间隙。曲轴轴承间隙的调整是通过更换不同厚度的、装在曲轴前端或后端的止推环进行的；有的则是更换装在中间的不同侧面厚度的止推轴承进行调整的。

任务实施

工作准备

学习资料：学习材料、多媒体课件、视频、任务工单

工量具：游标卡尺、千分尺、百分表、V形铁块、磁性底座

设施设备：发动机整机、发动机主要部件散件

实施过程

1. 检测气缸体上平面的平面度

方法：将直尺放于平面上，用塞尺去测量直尺与平面间的间隙，即为平面度误差，检测6个方向的平面度误差。

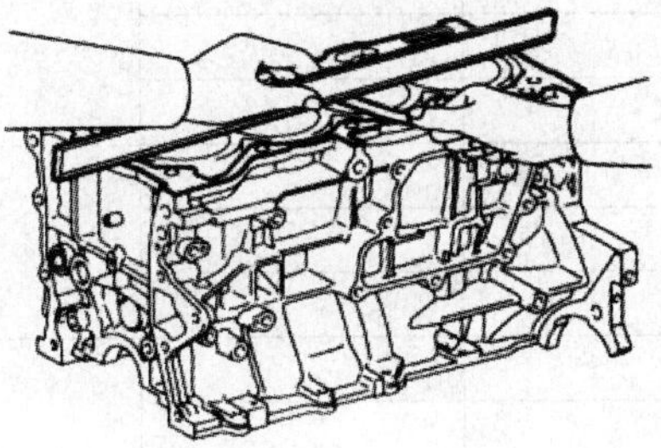

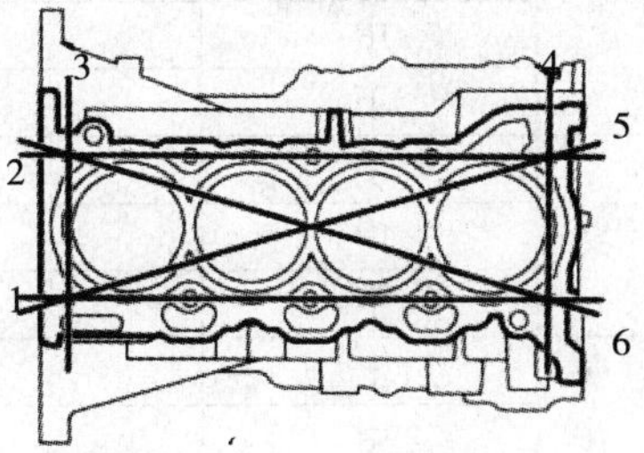

所用工具：____。

检测数据

方向	数值(mm)	方向	数值(mm)
1		2	
3		4	
5		6	

结论：____。

注：最大的翘曲变形量为0.05mm，如超过则进行修理或者更换气缸体。

2. 气缸磨损的检测

所用工具：____。

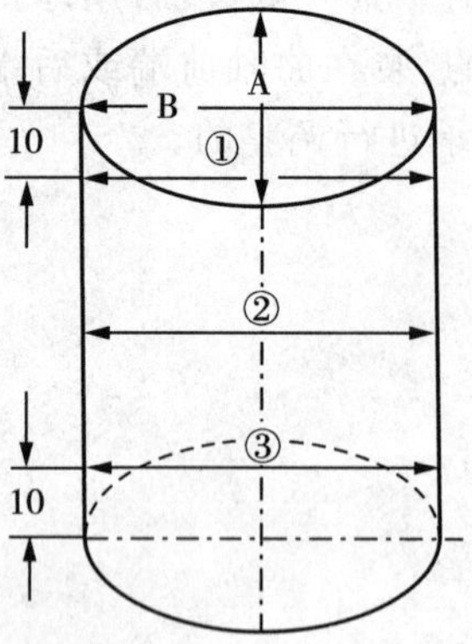

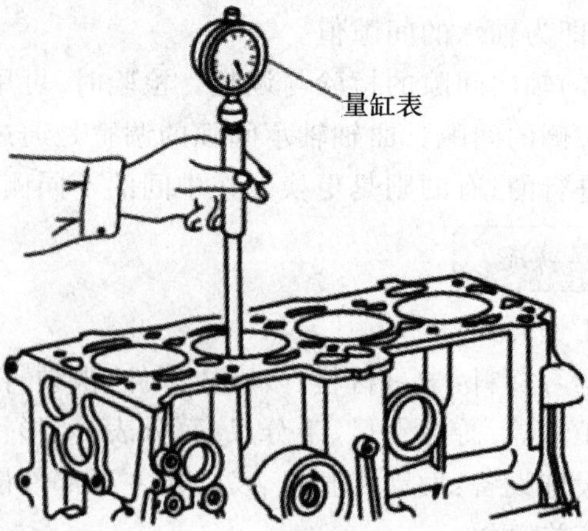

检测数据(mm)

气缸	位置	A方向(纵向)	B方向(横向)	圆度	圆柱度
1	上				
	中				
	下				
2	上				
	中				
	下				
3	上				
	中				
	下				
4	上				
	中				
	下				

注:AJR发动机的标准缸径为81.01mm,允许的最大偏差为0.08mm。

如需修理则根据测量的结果计算气缸的修理尺寸及修理等级,填于下表中

	1缸	2缸	3缸	4缸
修理尺寸(mm)				
修理等级				

注:修理尺寸=最大气缸磨损直径+加工余量(加工余量一般为0.10～0.20mm);AJR发动机的标准缸径:81.01mm,最大修理尺寸:81.51mm,每加大0.25mm为一级。

3. 活塞检测

(1)活塞尺寸的检测

要求:测量各缸的活塞尺寸,将数据填入表格中

所用工具:______________________________。

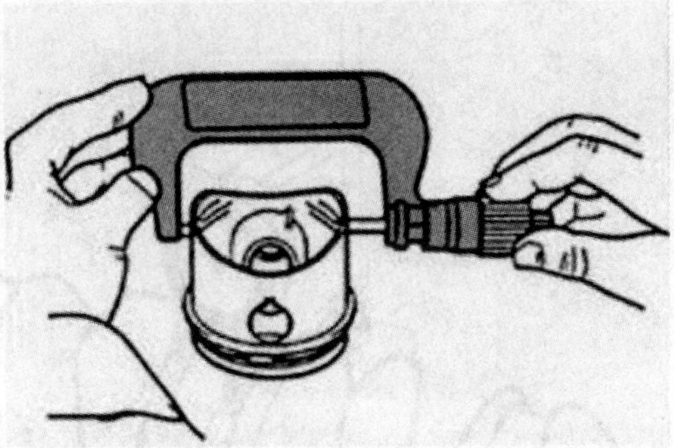

检测数据

数据(mm) 气缸	活塞测量尺寸	活塞标准尺寸	偏差量	最大允许偏差	结论 (是否更换)
1 缸		80.965		0.04	
2 缸					
3 缸					
4 缸					

(2)活塞环配合间隙的检查

要求:选择任一缸的活塞进行测量,记录相关数据

所用工具:____。

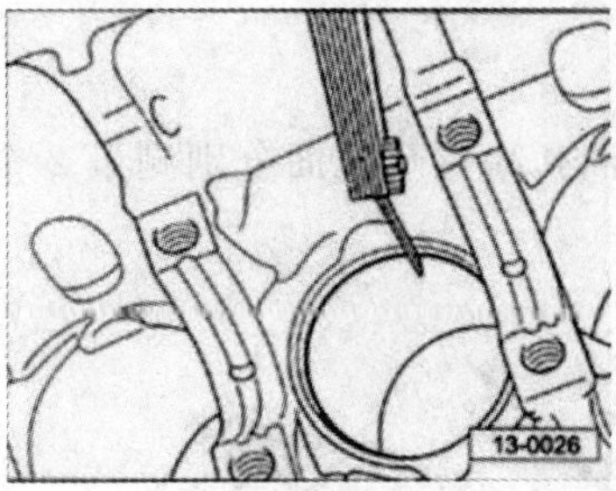

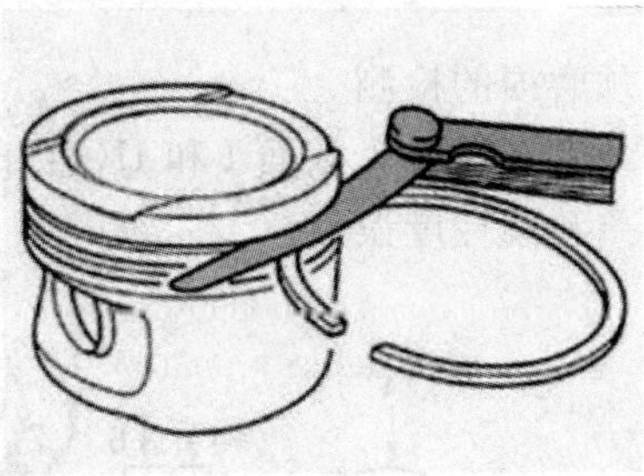

检测数据

	端隙(mm)				侧隙(mm)			
	标准值	测量值	极限	结论	标准值	测量值	极限	结论
第一道气环	0.2—0.4		0.8		0.06—0.09		0.2	
第二道气环	0.2—0.4		0.8		0.06—0.09		0.2	
油环	0.25—0.5		0.8		0.03—0.06		0.15	

4. 曲轴的检测

(1)曲轴变形的检测

方法同前次工单凸轮轴弯曲的检测

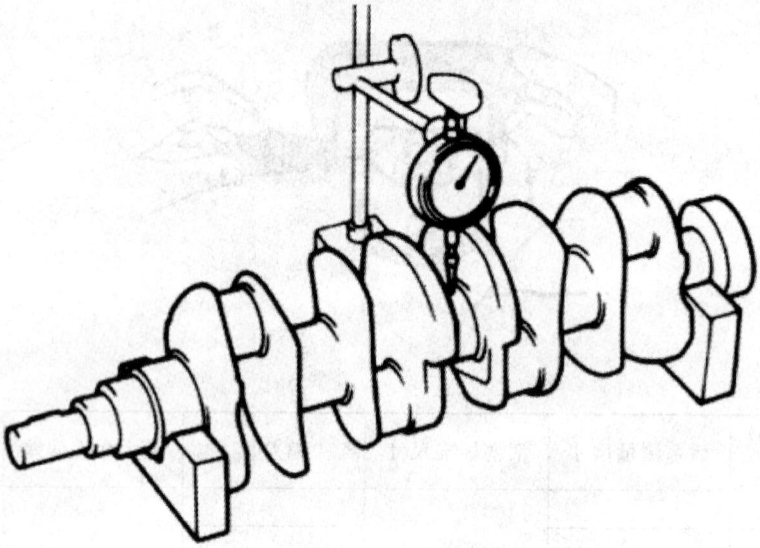

所用工具：____。

检测数据

检测值(mm)	规定值(mm)	结论(正常/不正常)
	<0.15	

(2)曲轴轴颈磨损的检测

方法：在轴颈上选择2个截面Ⅰ和Ⅱ(避开油孔)，每个截面分别测量2个垂直方向的直径，计算圆度误差和圆柱度误差。

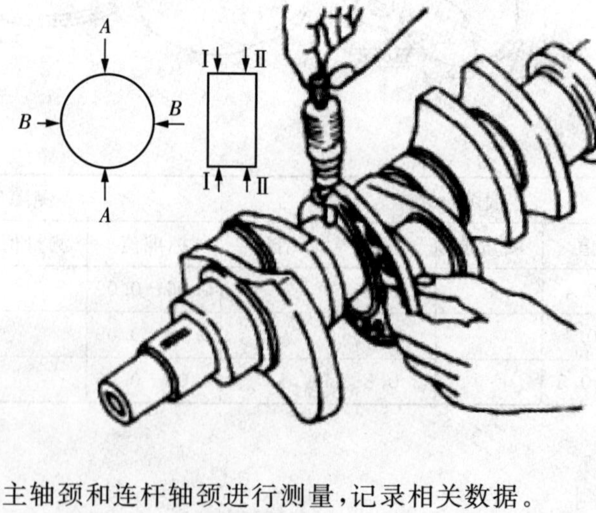

任意选择一道主轴颈和连杆轴颈进行测量，记录相关数据。

所用工具：____。

检测数据

轴颈	截面	A—A方向	B—B方向	圆度误差	圆柱度误差
主轴颈（　　）道	Ⅰ				
	Ⅱ				
连杆轴颈（　　）缸	Ⅰ				
	Ⅱ				

注：AJR发动机曲轴主轴颈的标准尺寸为54mm，连杆轴颈的标准尺寸为47.8mm。

发动机大修时，对轴颈磨损超过规定的曲轴，可采用修理尺寸法对曲轴主轴颈、连杆轴颈进行光磨修理，其修理尺寸一般以每缩小0.25mm为一级。

(3)曲轴轴向间隙的检测

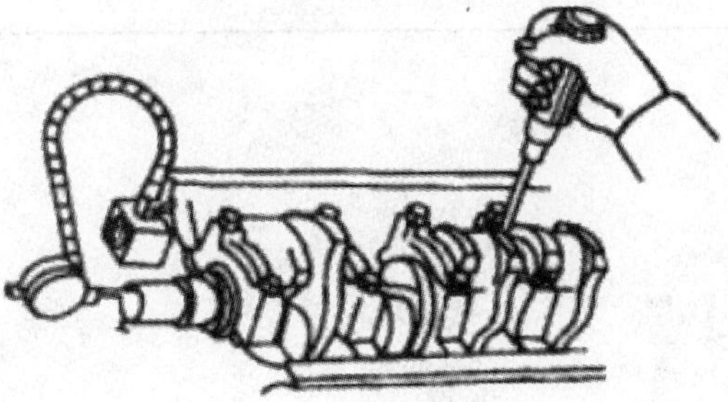

曲轴轴向间隙的检测方法可采用________和________进行，按照上图的方法进行检测，检测结果为________。

(4)曲轴径向间隙的检测

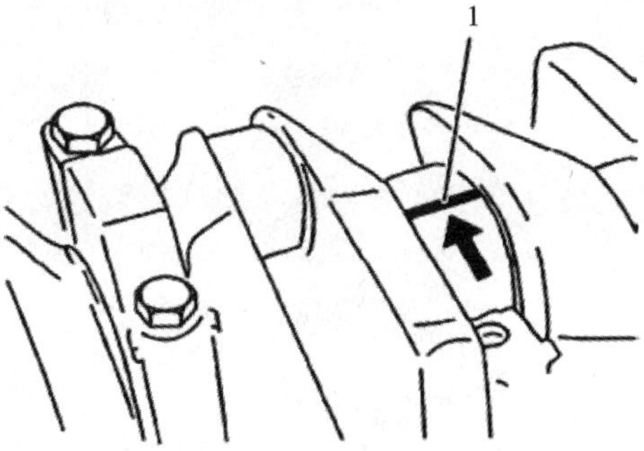

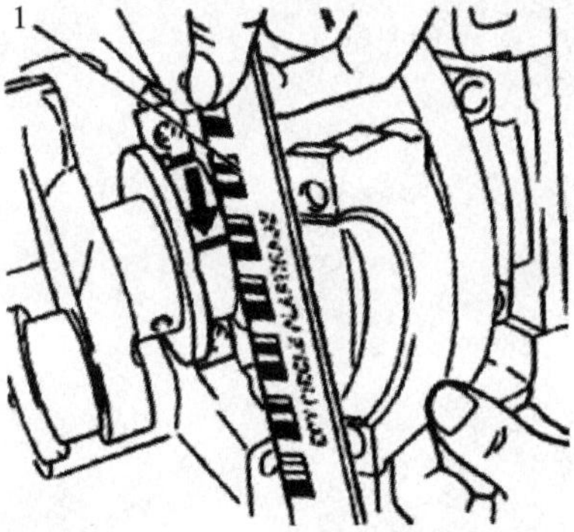

曲轴的径向间隙可以用________进行检查，检测结果为________。

评分表

序号	日常表现项目	配分	评分标准	分数
1	目标达成率	60分	工作页填写(20%)+检修技能(40%)	
2	课堂准备情况	10分	是否做到三带(笔、记录本、课本),一穿(实训服)。 A. 按要求做到(10分) B. 未按要求做到每次扣2分	
3	课堂纪律	20分	A. 无违纪情况(20分) B. 有违纪情况(视情况扣分) 随便说话、扰乱秩序(每次-3) 上课伏案(每次-2)、勾肩搭背(每次-2)、实训窜组(每次-2)、上课打闹(每次-5)、允许倒扣	
4	"7S"素养	10分	A. 按要求做到位(10分) B. 未做到位(视情况扣分) 座位有垃圾(-2)、桌面凌乱(-2)、未穿实训服(-2)、违反安全操作(-10)、工位整理不到位(-3)、允许倒扣	
总分				

项目四　汽车发动机润滑系统的认知与检修

任务 4.1　汽车发动机润滑系统的认知

提出任务

王先生的一台丰田卡罗拉轿车仪表机油压力警告灯不断闪亮，据技师领班的初步判断是润滑系统油压过低的故障。能找出导致机油压力过低的原因吗？

任务要求

知识要求

1. 能正确描述润滑系统的作用。
2. 能分辨不同摩擦表面的润滑方式。
3. 识别 AJR 润滑系统的结构组成。
4. 识别 AJR 发动机润滑系统的装配图。

能力要求

能叙述汽车发动机润滑系统的作用、组成及工作原理。

知识准备

一、润滑系统作用

任何相互运动的摩擦表面都存在磨损，都需要进行润滑。汽车发动机有许多相互运动件，如曲轴主轴颈与主轴瓦、曲柄销与连杆瓦，曲轴高速旋转时，一旦缺乏润滑，则容易“抱轴”；活塞与活塞环在气缸中高速往复运动，若没有有效的润滑，极易发生“拉缸”。可见，发动机必须有润滑系统，才能持续不断地把数量足够、温度适当的洁净润滑油输送到相对运动零部件的摩擦表面。润滑油的循环流动发挥清洗、冷却的作用，润滑油在金属表面形成油膜，产生润滑、防锈、减震等作用，从而提高发动机功率、减轻零件磨损以及提高发动机的可靠性和耐久性。

二、润滑方式

汽车发动机的润滑方式主要有压力润滑、飞溅润滑和润滑脂润滑。

1. 压力润滑

利用机油泵，将具有一定压力的润滑油源源不断地送到摩擦面间。形成具有一定厚度并能承受一定机械负荷而不破裂的油膜，尽量将两摩擦零件完全隔开，实现可靠的润滑。

2. 飞溅润滑

利用发动机工作时某些运动零件(主要是曲轴与凸轮轴)飞溅起的油滴与油雾，对摩擦表面进行润滑的一种方式。飞溅润滑适合于暴露零件表面，如缸壁、凸轮等；相对运动速度较低的零件，如活塞销等；机械负荷较轻的零件，如挺柱等。汽缸壁采用飞溅润滑还可防止由于润滑油压力过高，油量过大，进入燃烧室导致发动机工作条件恶化。

3. 润滑脂润滑

对一些不太重要和分散的部位，采用定期加注润滑脂的方式进行润滑，如发动机水泵轴承、发电机、起动机及分电器等总成的润滑，即采用这种方式。

三、润滑系统结构组成

发动机润滑系统由机油泵、机油滤清器、集滤器和机油油道等组成(图 4 - 1)。为使驾驶员能随时掌握润滑系统的工作状况，有些发动机还设有指示机油压力的机油压力表或其他警示装置，有的还备有机油温度表。

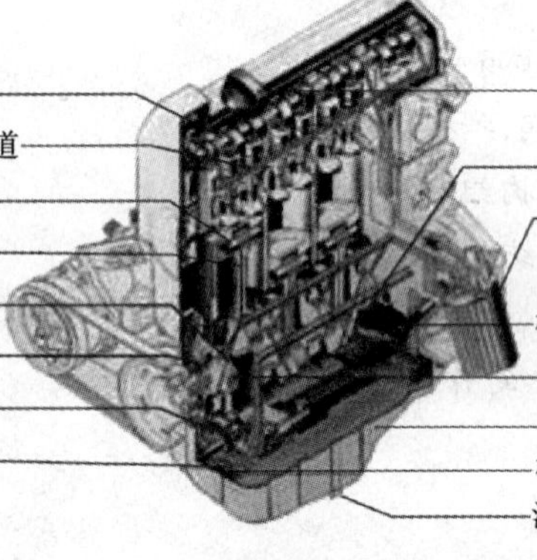

图 4 - 1　发动机润滑系统结构组成

机油贮存在油底壳内，经滤清器过滤和机油泵加压后，进入发动机机体上的一系列润滑油道。进入主油道的机油，通过上曲轴箱中的横向油道分别润滑主轴颈和凸轮轴轴颈(下置式凸轮)，通过曲轴中的斜向油道从主轴颈处流向连杆轴颈(曲柄销)，从凸轮轴的轴颈处经上油道通向摇臂支座以及润滑摇臂轴、推杆球头和气门端部。对于顶置式凸轮轴，主油道的一条分油道直通凸轮轴轴承润滑油道，再分多个分油道向各凸轮轴轴承供油。

任务实施

工作准备

学习资料：学习材料、多媒体课件、视频、任务工单。

设施设备：发动机整机、润滑系统零件。

实施过程

1. 润滑系统的作用

润滑系统的作用：________，________，________，________，________。

2. 润滑方式

(1)根据所学的知识,填写发动机需要润滑的机械部位,在下列方框中打"√"。

□ 曲轴轴颈　□ 曲轴皮带轮　□ 皮带　□ 飞轮

□ 曲柄　□ 连杆轴瓦　□ 活塞销　□ 活塞

□ 活塞环　□ 气缸壁　□ 凸轮轴轴颈　□ 凸轮轴正时齿轮

□ 气门弹簧　□ 气门杆　□ 气门导管

(2)写出润滑系统的润滑方式,并举例列出发动机上采用对应润滑方式的部位。

润滑方式	举例(每个方式 3 个以上)

3. 识别润滑系统的结构组成

(1)下图为桑塔纳轿车 AJR 型发动机的润滑油路图,写出各部分的名称。

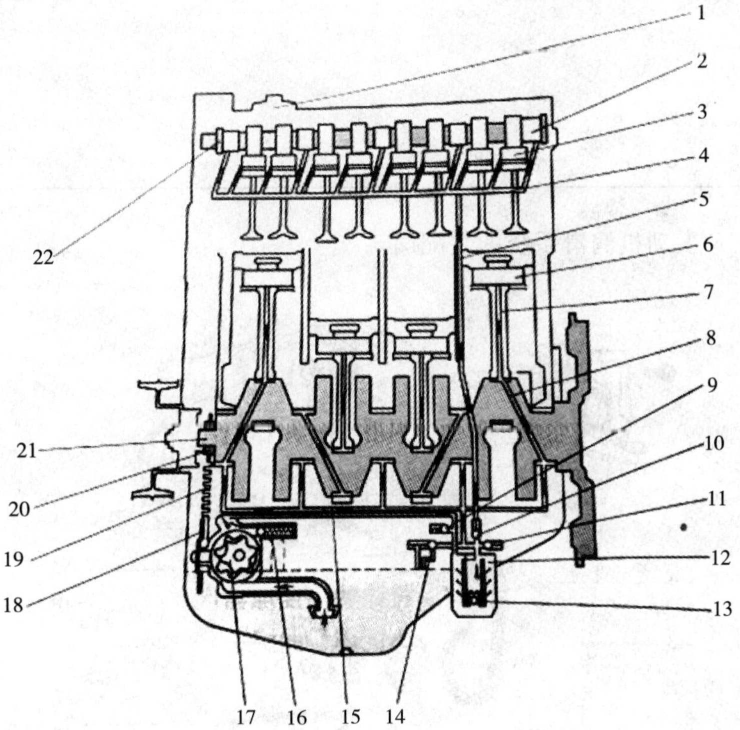

序号	名称	序号	名称
1		12	
2		13	
3		14	
4		15	
5	气缸体—气缸盖主油道	16	

（续表）

序号	名称	序号	名称
6		17	
7		18	
8		19	
9		20	
10	单向阀	21	
11		22	凸轮轴

（2）根据（1）中 AJR 发动机的润滑油路图写出该发动机的润滑油路。

油底壳 ⟶

4. 识别 AJR 发动机润滑系统的装配图

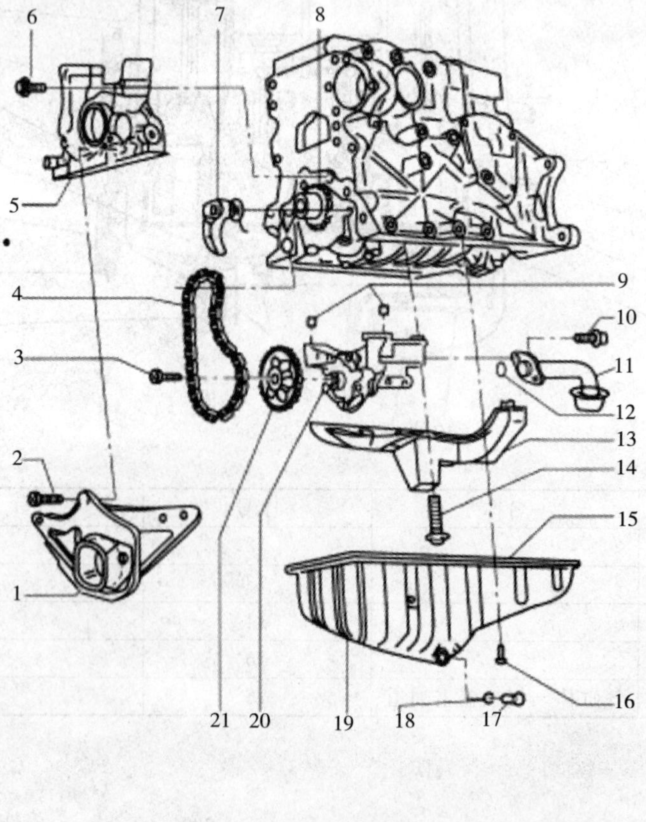

序号	名称	序号	名称
1	扭力臂	12	
2	螺栓	13	
3	螺栓	14	螺栓
4		15	
5		16	螺栓
6	螺栓	17	
7		18	
8		19	
9	销钉	20	
10	螺栓	21	
11			

5. 识别润滑系统的主要零部件

(1)油底壳

油底壳的作用是封闭________并储存________。油底壳内设有________，防止汽车振动时油面波动过大，油底壳底部装有带________的放油螺塞，能吸附机油中的金属磨屑。

(2)集滤器

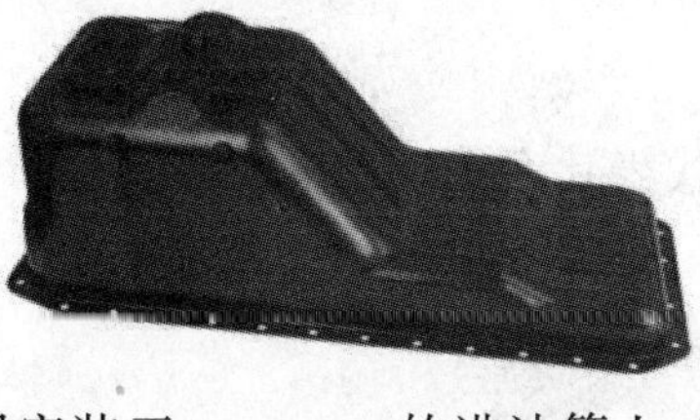

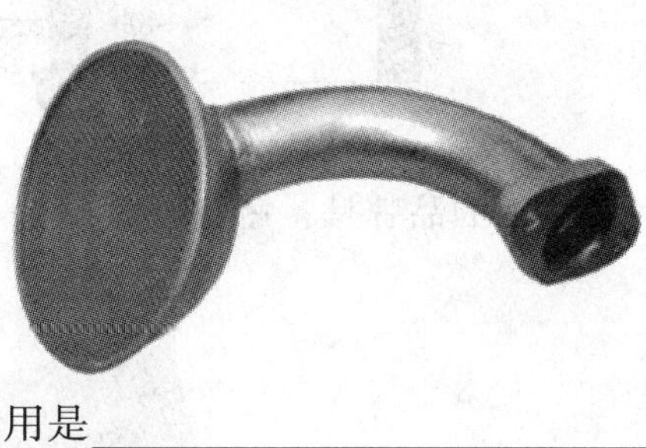

集滤器安装于________的进油管上，其作用是____。

(3)机油泵

机油泵由________驱动，其作用是____。

在汽油机上面使用的机油泵主要有 3 种类型，分别为：

____________________　____________________　____________________

AJR 发动机采用的机油泵的类型为________。

(4)其他零件

写出零件名称。

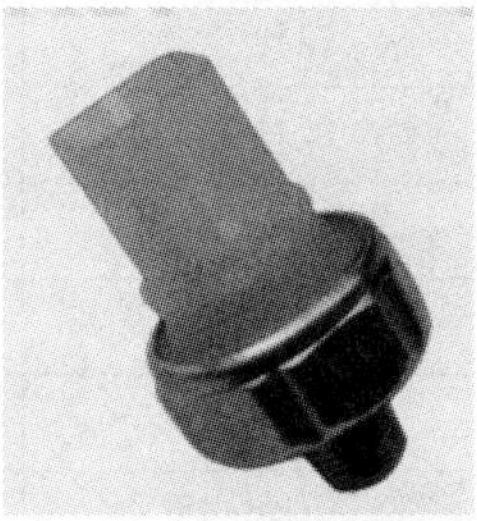

______________　　______________

拓展题

1. 如何选择发动机润滑油？

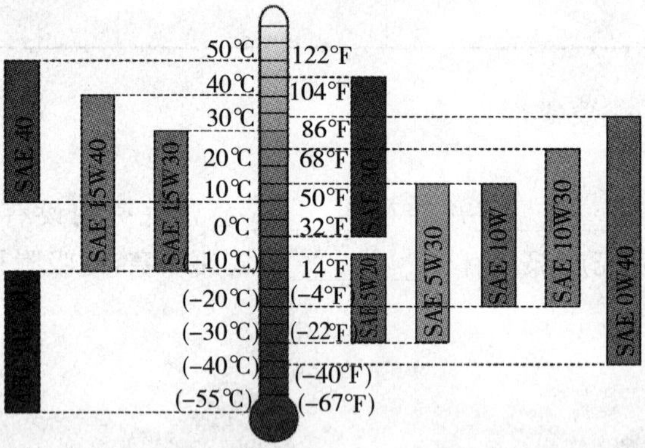

2. 下图润滑油的品牌是？瓶身上的 5W－30 代表什么意思？

考核评价

本任务评价分四轮，第一轮：学生小组内一对一互评；第二轮：学生跨小组互评（全覆盖）；第三轮：老师考核（填写表单全覆盖、实物抽考40%以上）；第四轮：系部/学院考核（填写表单全覆盖、实物抽考占班级人数比例10%以上，抽考知识技能项目，其他考核分值参考任课老师的评价）。

评分表

序号	考核内容	配分	评分标准	考核记录	得分
1	知识技能	70	倒扣制：上述所有任务表单每错一处扣5分		
2	帮助同学	20	帮助同学		
3	学习能力	5	查阅资料能力、完成质量及速度等		
4	情感态度	5	自我学习态度，与同学配合、服从意识等		
5	知识拓展	8	加分项（每项4分）		
6	考核作弊		作弊每次扣15分		
7	分数总计	108			

任务4.2 汽车发动机润滑系统的检修

提出任务

一辆桑塔纳轿车低速行驶时一切正常，当速度超过 60km/h，机油压力警告灯闪亮，蜂鸣器也响起，停车重新启动后，一切恢复正常，但车速一高，上述现象再次出现，根据经验，判断为机油压力开关损坏。那么润滑系统机油压力警告灯亮起时，还有其他原因吗？

任务要求

知识要求

1. 能辨别润滑系统的组成部件。
2. 能掌握润滑方式各个部件的检修方法。
3. 识别 AJR 发动机润滑系统机油泵的检修方法。
4. 识别 AJR 发动机润滑系统机油压力开关的检修方法。

能力要求

能掌握发动机润滑系统各个组成部件及其检修方法。

知识准备

润滑系统主要部件的检修

一、机油滤清器的检修

机油滤清器主要损坏形式是破裂和堵塞。机油滤清器一般不修理，而是采用更换滤芯的方法。一般新发动机(或大修后的发动机)应在工作 100h 更换机油滤清器的滤芯，以后每工作 240h 更换一次滤芯。

二、机油泵的检修

机油泵主要损伤形式是由零件的磨损所造成的泄漏，使泵油压力降低和泵油量减少。由于机油泵的润滑条件良好，磨损较轻，装配要求高，因此在发动机修理时不要轻易拆解；经机油泵试验台检验，确认不能维持机油泵最低工作指标时，再进行拆卸修理。机油泵在工作中常见损坏形式：泵盖的磨损、轴与轴套的磨损，以及内外转子磨损。

1. 齿轮式机油泵的检修

(1)检查主被动齿轮的磨损情况，必要时更换，且最好成对更换。

(2)检查机油泵盖与齿轮端面间隙：检查时，将钢尺直边紧靠在带齿轮的泵体端面上，将塞尺插入两者之间的缝隙进行测量。若不符合标准，则可以通过增减泵盖与泵体之间的垫片来进行调整。

(3)主被动齿轮与泵腔内壁间隙超过 0.3mm 时，应换用新件。

(4)检查主被动齿轮的啮合间隙用塞尺插入啮合齿间，测量 120°三点齿侧。

(5)将所有零件清洗干净,按分解的逆顺序进行装配。

(6)机泵装复后,用手转动机油泵齿轮,应转动自如、无卡阻现象、不晃动、无响声,将机油灌入机油泵内,用手指堵住油孔,转动泵轴应有油压出,并能感到有压力。

(7)机油泵装车后,通过压力表观察润滑油压力。在发动机温度正常的情况下,低速运转时,润滑油压力不应低 19.4kPa;当发动机高速运转时,润滑油压力不应高于 49.0kP。如不符合标准,应调限压阀,可在限压阀弹簧的一端加减调整垫图的厚度,使机油压力达到规定值。

(8)限压阀的检修:限压阀与孔磨损间隙变大,会造成机油泄漏,使机油压力降低和供油量不足。限压阀磨损的检查方法:在阀上涂一层润滑油放大阀孔。如果阀能靠本身的重量顺利地落入阀孔为合格,否则应检查阀门或机油泵总成。另外,限压阀的限油压力变化也是检修中应注意的问题。

(9)泵盖的检修:齿轮式机油泵在齿轮转动时产生轴向力,使齿轮压向泵盖,造成泵盖内侧磨损。当机油泵盖有磨损,三曲和凹陷过 0.05mm 时,应用车削、研磨等方法进行修复。

2. 转子式机油泵的检修

(1)检查泵体及内外转子

确定是否有沟痕或其他损坏,并视情更换新件。

(2)检查内外转子之间的径向间隙

用塞尺检查内外转子之间的径向间隙,如果检测值过大应更换内外转子。

(3)检查泵体与内外转子之间的轴向间隙

使用精密直尺和塞尺检查泵体与内外转子之间的轴向间隙,如果间隙超过极限值,应更换泵体或内外转子。

(4)检查泵体与外转子之间的径向间隙

使用塞尺检查泵体与外转子之间的径向间隙,如果间隙超过极限值,应更换泵体或内外转子。

(5)各零部件检查合格后进行组装

转子安装时应对准安装记号,并使安装记号朝向泵体,安装后将机油泵的吸油口浸入干净的机油中,使用旋具顺时针方向旋转泵轴,直到机油从出油口处溢出;然后按住出油口,此时转动机油泵,转动阻力应明显增加为正常,反之则为压力不足,应更换成套转子。

(6)限压阀弹簧的检修

限压阀弹簧自由长度应为 49.5mm,弹簧力在压缩长度为 34mm 时应为 86N,当弹簧力低时,可用加垫法调整或更换弹簧;若弹簧折断,应予以更换。

(7)泵体的检修

泵体损坏或磨损严重,应予以替换。

(8)外转子的检修

外转子厚度不得小于 23.96mm,外径不得小于 62.70mm,过小应进行涂镀修复或更换新件。装配时,大倒角的一端应装入泵体内。

(9)泵盖的检修

平面最大间隙为 0.05mm,过大可研磨校正;当泵盖被划伤或有沟槽时应进行涂镀修复或更换。

三、机油压力开关的检修

1)检查条件

(1)机油液面高度正常;

(2)当点火开关接通时,机油报警灯应该闪亮;

(3)机油温度约 800℃。

2)检查过程

机油压力开关的检查(以桑塔纳 2000 GSi 轿车 AJR 发动机为例)。

(1)拔下低压开关(0.025MPa,棕色绝缘层),将其连接到 V. A. G1342 机油开关测试仪上;

(2)将测试仪连接到机油滤清器支架上的机油压力开关的位置上;

(3)将测试仪的棕色导线搭铁;

(4)将发光二极管 V. A. G1527 连接到机油压力开关和蓄电池正极上,发光二极管必须点亮;

(5)起动发动机,并缓慢提高发动机转速;

(6)当机油压力达 0.015～0.045MPa,发光二极管必须熄灭,否则更换机油压力开关;

(7)将发光二极管连接在高压开关上(0.18MPa,白色绝缘层);

(8)当机油压力达 0.16～0.2MPa 时,发光二极管必须点亮;否则,更换机油压力开关;

(9)继续提高发动机转速,在 2000r/min 转速和 800℃的机油温度下,机油压力至少应维持在 0.2MPa。

任务实施

工作准备

学习资料:学习材料、多媒体课件、视频、任务工单

工量具:游标卡尺、塞尺、刀口尺

设施设备:发动机整机、润滑系统零件

实施过程

一、润滑系统主要故障

写出下列对应润滑系统故障可能造成的原因。

主要故障	可能原因
机油压力过低	

（续表）

主要故障	可能原因
机油压力过高	
机油消耗过快	
机油泄漏	

二、主要零件检修

(1)机油泵的检测(转子泵)

检测项目	检测指示图	检测数值	规定数值	结论 (正常或不正常)
主动转子和从动转子的啮合间隙	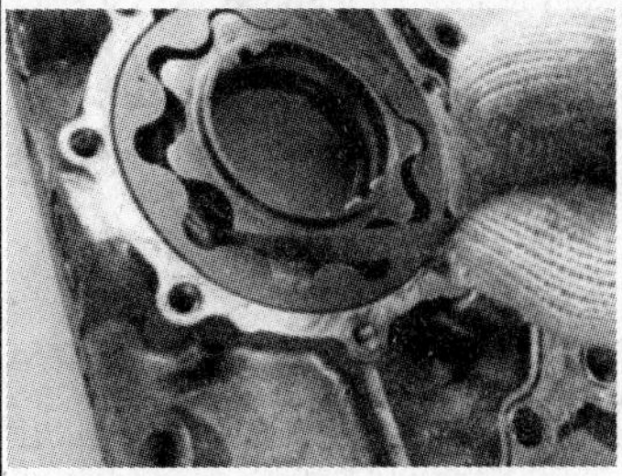		标准:0.08～0.16mm 极限:0.35	

（续表）

检测项目	检测指示图	检测数值	规定数值	结论 （正常或不正常）
转子与泵盖之间的端面检测			标准：0.03～0.08mm 极限：0.16	
外转子与泵体之间的间隙			标准：0.2～0.3mm 极限：0.381	

（2）机油压力开关的检测

用万用表检测机油压力开关的接线柱与壳体之间的电阻，在发动机停机的时候应小于1Ω，实际检测值为：________________。

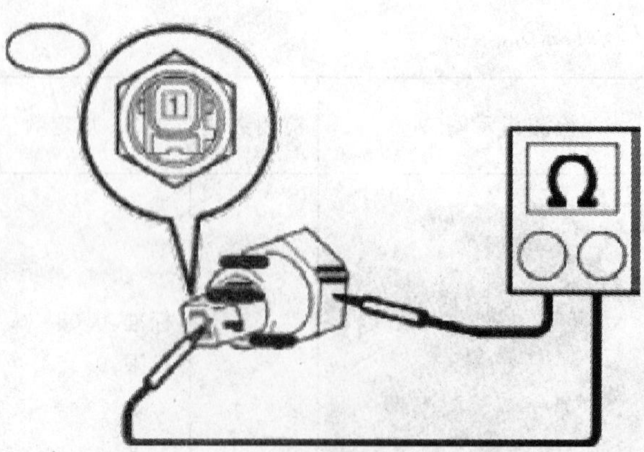

评分表

序号	日常表现项目	配分	评分标准	分数
1	目标达成率	60 分	工作页填写(20%)+检修技能(40%)	
2	课堂准备情况	10 分	是否做到三带(笔、记录本、课本),一穿(实训服)。 A. 按要求做到(10 分) B. 未按要求做到每次扣 2 分	
3	课堂纪律	20 分	A. 无违纪情况(20 分) B. 有违纪情况(视情况扣分) 随便说话、扰乱秩序(每次－3) 上课伏案(每次－2)、勾肩搭背(每次－2)、实训窜组(每次－2)、上课打闹(每次－5)、允许倒扣	
4	"7S"素养	10 分	A. 按要求做到位(10 分) B. 未做到位(视情况扣分) 座位有垃圾(－2)、桌面凌乱(－2)、未穿实训服(－2)、违反安全操作(－10)、工位整理不到位(－3)、允许倒扣	
总分				

项目五　汽车发动机冷却系统的认知与检修

任务5.1　汽车发动机冷却系统的认知

提出任务

小明爸爸开车送小明到达学校后，小明无意中触摸到汽车的引擎盖，感觉很烫手，对此小明充满疑惑：引擎盖的温度都如此高，那发动机舱内的温度岂不是更高？那么是什么保障汽车在如此高的温度下仍然可以正常行驶的呢？你能解释是什么原因吗？

任务要求

知识要求

1. 能正确描述冷却系统的作用；
2. 能正确描述冷却系统的组成；
3. 能正确写出冷却系统的循环路线；
4. 能正确识别冷却系统的实物部件。

能力要求

能叙述汽车发动机冷却系统的作用、组成及工作原理。

知识准备

一、冷却系统的作用

发动机冷却系统的功用就是使工作中的发动机得到适度的冷却，从而保持发动机在最适宜的温度范围内工作。另外，冷却系统还为暖风系统提供热源。

二、冷却系统的组成

现代汽车多采用封闭式强制循环水冷却系统，即用水泵强制地使冷却液在冷却系统中进行循环流动，使发动机中高温零件的热量先传给冷却液，然后散发到大气中。

水冷却系统一般由水泵、散热器、节温器、冷却风扇、风扇控制机构、水套、膨胀水箱、温度指示器及报警灯等组成。图5-1为桑塔纳2000GS1轿车AJR发动机冷却系统布置图。

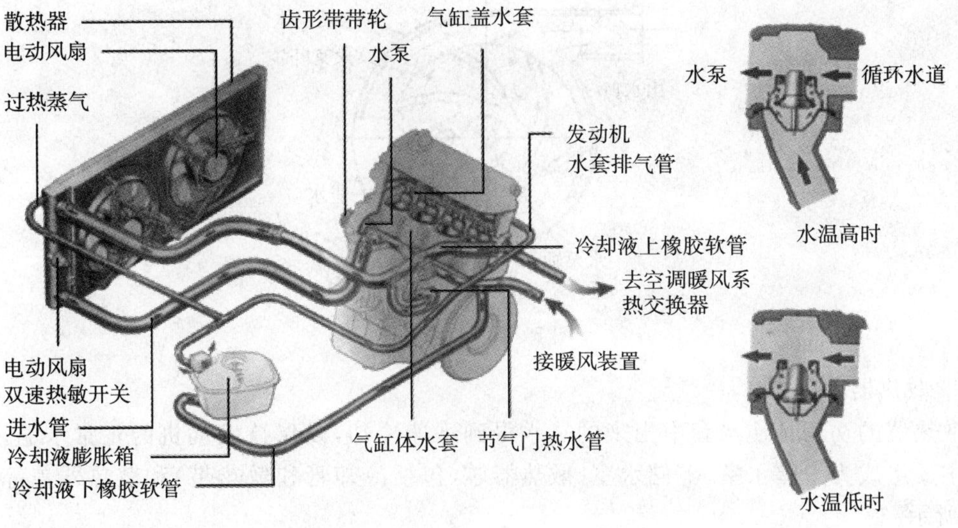

图 5-1　桑塔纳 2000GS1 轿车 AJR 发动机冷却系统布置图

1. 水泵

水泵的作用是对冷却液加压，强制冷却液在冷却系统中循环流动。现代汽车通常采用离心式水泵。水泵一般在机体外安装，与风扇同轴驱动，也有装在机体内(内藏式)单独驱动的水泵。

离心式水泵主要由水泵壳体、水泵叶轮、泵盖板、水泵轴、支撑轴承、水封等组成，如图 5-2 所示。

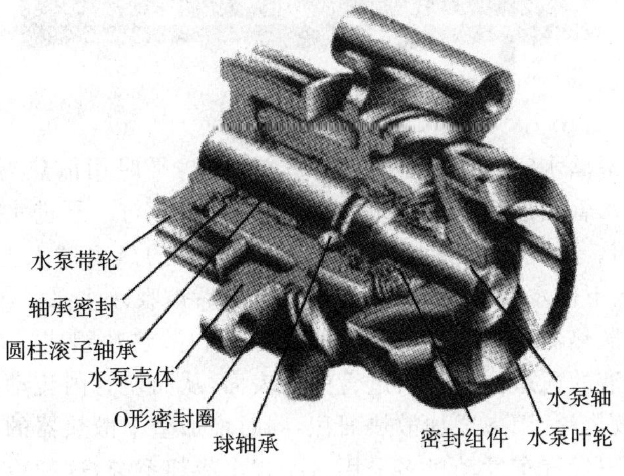

图 5-2　水泵

如图 5-3 所示，当叶轮旋转时，水泵中的水被叶轮带动一起旋转，并在离心力作用下向叶轮边缘甩出，经叶轮成切线方向送到发动机的水套内。与此同时，叶轮中心处造成一定的负压将水从进水管吸入，如此连续的作用，使冷却液在水路中不断地循环。

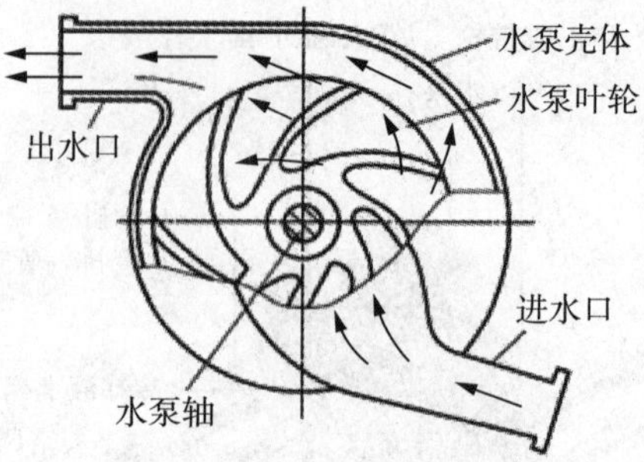

图 5-3 工作原理

2. 散热器

散热器的功用是使水套中出来的热水得到迅速冷却，以保持发动机的正常水温。散热器的主要组成为上储水室、下储水室、散热器芯（包括冷却管和散热带）和散热器盖等，如图 5-4 所示。

图 5-4 散热器组成

(1)上储水室和下储水室。上储水室顶部有加水口，平时用散热器盖盖住，并装有进水软管，与发动机上出水管相连。下储水室有出水管，用软管与水泵进水口相连。一般在下储水室中还装有放水阀。由发动机出水管流出的温度较高的热水进入上储水室，经散热器冷却管散热冷却后流入下储水室，由散热器出水管流出后被吸入水泵。

(2)散热器芯。散热器芯由许多扁圆形的冷却管和散热片组成。冷却管焊接在上下储水室之间，作为冷却液的通道。空气吹过管的外表面，从而使管内流动的水得到冷却。冷却管周围布置了很多散热片，用来增加散热面积，同时增加整个散热器的刚度和强度。

(3)散热器盖。现代汽车发动机多采用封闭式水冷却系统，这种冷却系统的散热器盖装有一个空气阀和一个蒸汽阀，对冷却系统有密封加压作用。发动机处于正常热态时，阀门关闭，可将冷却系统与大气隔开，防止水蒸气逸出，使系统内压力稍高于大气压力，从而可增高冷却液的沸点，保证发动机在较长时间及较高负荷下工作。如图 5-5 所示，当散热器中压力升高到一定值时，蒸汽阀便开启，使水蒸气从通气孔排出，以防热膨胀压坏散热器芯管；当水温降低，冷却系统中蒸汽凝结为水，散热器内形成一定真空时，空气阀开启，空气从通气孔进入冷却系统，避免压力差将散热器芯管压瘪。

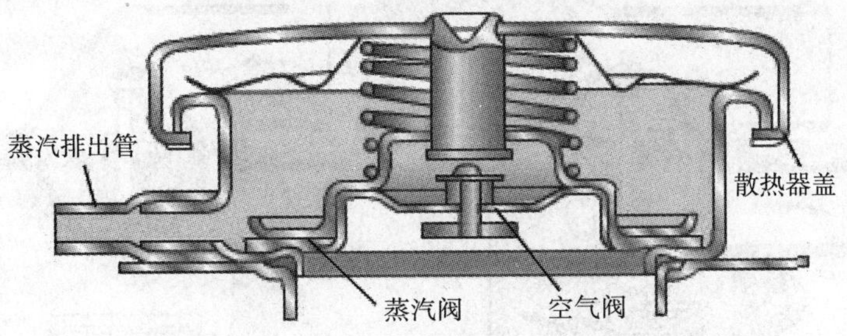

图 5-5　具有空气阀-蒸汽阀的散热器盖

3. 膨胀水箱

加注防锈、防冻液的汽车发动机常采用膨胀水箱（图 5-6）。发动机工作使冷却液温度升高并膨胀，使散热器内压力上升。当压力达到规定值以上时，一部分冷却液流回膨胀水箱以保持散热器内压力。停车时，冷却液温度降低，散热器内压力下降，膨胀水箱内的冷却液受大气压的作用流回散热器。膨胀水箱多用半透明材料（如塑料）制成，透过箱体可直接观察到冷却液的液面高度，无须打开散热器盖，冷却液的液面高度应在 max 与 min 之间（图 5-7）。

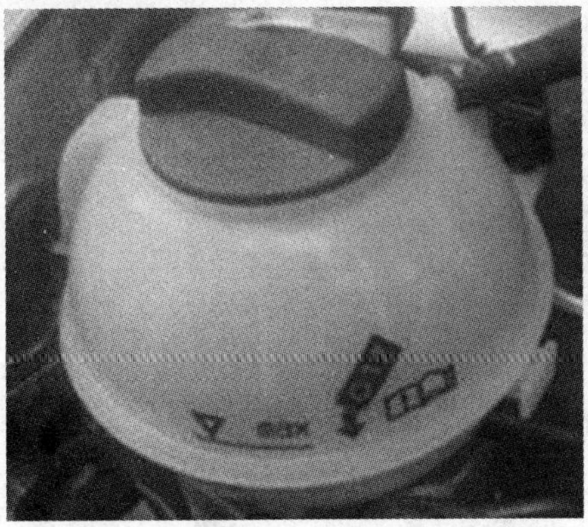

图 5-6　膨胀水箱

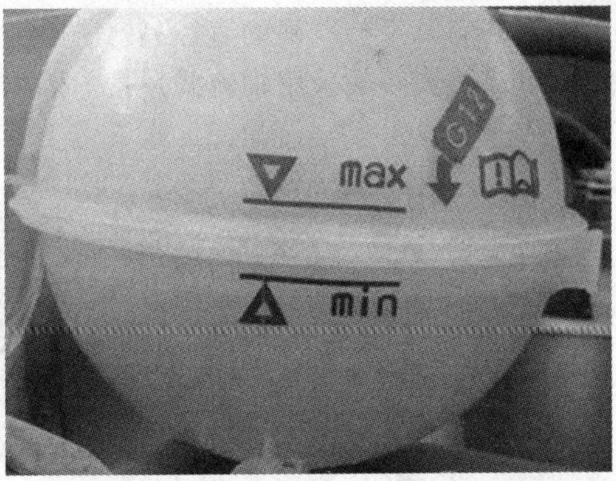

图 5-7　检查冷却液的液面高度

4. 节温器

节温器安装在冷却液循环的管（一般安装在汽缸盖的出水口），根据发动机负荷的大小和水温的高低改变水的循环流动路线，以达到调节冷却系统冷却强度的目的。

汽车发动机广泛采用蜡式节温器（图 5-8）。节温器推杆的一端固定于支架的中心处，另一端插入胶管的中心孔中。胶管与节温器外壳之间形成的腔体内装有精制石蜡。常温时，石蜡呈固态，阀门压在阀座上，这时阀门关闭了通往散热器的水路，来自发动机缸盖出水口的冷却液经水泵又流回汽缸体水套中进行小循环。当发动机水温升高时，石蜡逐渐变成液态，体积随之增大，迫使橡胶管收缩，从而对推杆上端头产生向上的推力。由于推杆上端固定，故推杆对橡胶管、感应体产生向下的反推力，最终阀门开启。当发动机水温达到规定温度以上时，阀门全开，来自汽缸盖出水口的冷却液流向散热器，进行大循环。

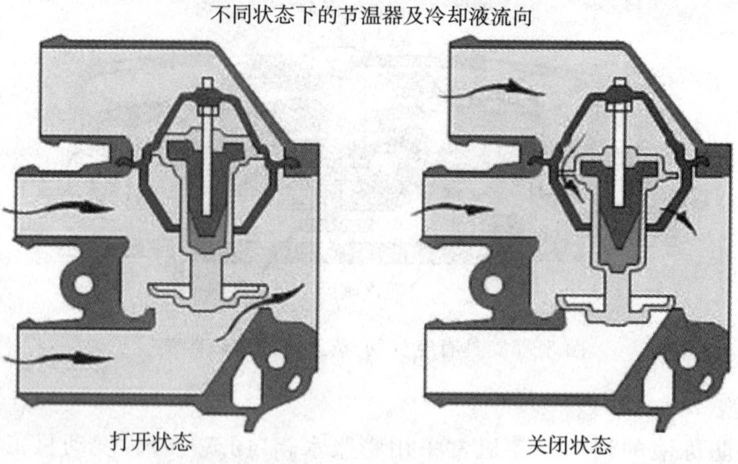

图 5 - 8　节温器

5. 冷却风扇

冷却风扇的功用是提高流经散热器的空气流速和流量，以增强散热器的散热能力并冷却发动机附件。冷却风扇多装在发动机与散热器之间，与水泵同轴驱动。这样，当风扇转动时，对空气产生轴向吸力，空气流从前到后通过散热器芯，从而使散热器芯中的冷却液加速冷却。风扇的扇风量与风扇的直径、转速、叶片形状、叶片安装角度以及叶片数目有关，目前车用水冷发动机大多数采用轴流式风扇，风扇形式如图 5 - 9 所示。

图 5 - 9　风扇形式

在汽车上大多采用电动冷却风扇（图 5 - 10）。电动冷却风扇系统一般由电动冷却风扇温度传感器（水温开关）、风扇、电动机等组成。根据冷却液温度变化，风扇断续工作，从而提高了整车的经济性能。另外，电动冷却风扇省去了风扇 V 带轮和发电机轴的驱动 V 带连接，风扇叶片尺寸和散热器等布置自由度大，具有能耗低、噪声小等优点。

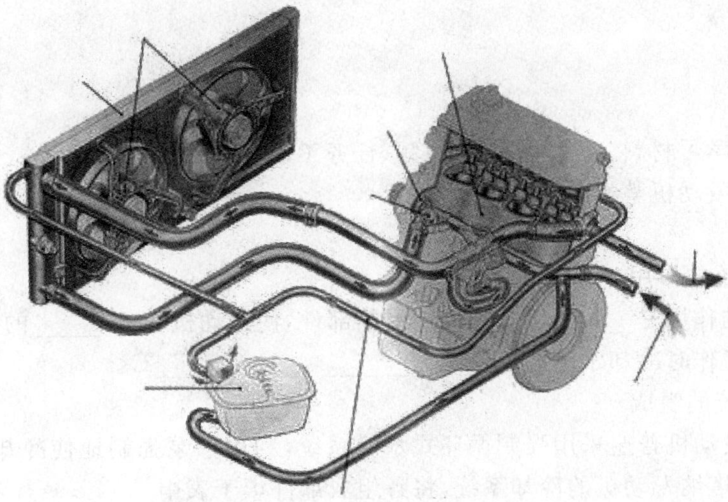

图 5-10　电动风扇的结构

三、冷却系统的循环路线

发动机工作时，水泵将冷却液压入发动机汽缸体水套，然后流入汽缸盖水套，吸收汽缸体和汽缸盖的热量。此后冷却液分两路循环(图 5-11)，一路为大循环，即冷却液流经散热器冷却后，进入装在机体水泵进口处的节温器，流向水泵进水口；另一路为小循环，即冷却液直接进入节温器后的水泵进水口，不经散热器冷却。当冷却液的温度低于 85℃时，进行小循环；当冷却液高于 85℃时，部分冷却液进行大循环；当冷却液温度达到(102±3)℃时，流经散热器的冷却液全都参加大循环，而小循环是常开的，这样可使冷却系统的温度提高到一个较高的水平，改善发动机的热效率，同时可以确保冷却系统中始终有冷却液在循环，保证发动机在最佳温度下工作。为了提高燃油雾化程度，冷却液的热量可对进入进气歧管内的混合气进行预热，车上的暖风装置利用冷却液带出的热量来达到取暖目的。当需要取暖时，打开暖气控制阀，从汽缸体水套流出的部分冷却液可流入暖风热交换器供暖，随后流回水泵。

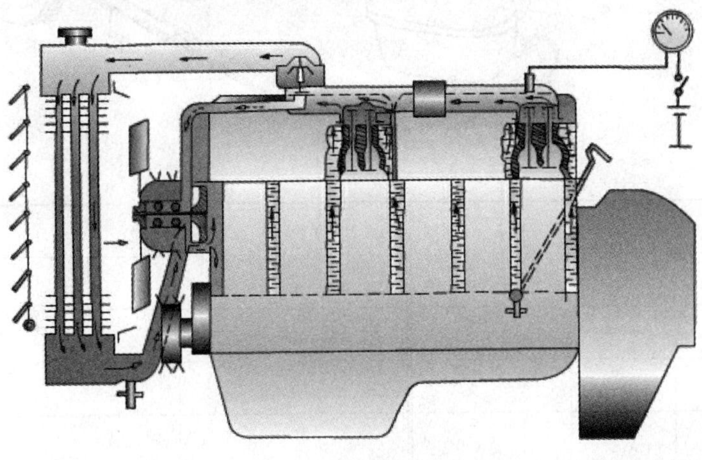

图 5-11　发动机冷却系统结构组成

任务实施

工作准备

学习资料：学习材料、多媒体课件、视频、任务工单

设施设备：发动机整机、冷却系统零件

实施过程

1. 冷却系统的作用

冷却系统的作用是________发动机的受热部件，使发动机在________的温度下工作。一般正常工作时冷却水的温度范围为________～________℃。

2. 冷却系统的组成

目前汽车发动机普遍采用强制循环式水冷系统，利用水泵强制地使冷却水不断地循环流动，下图为桑塔纳发动机的冷却系统，将各组成部件填于表中。

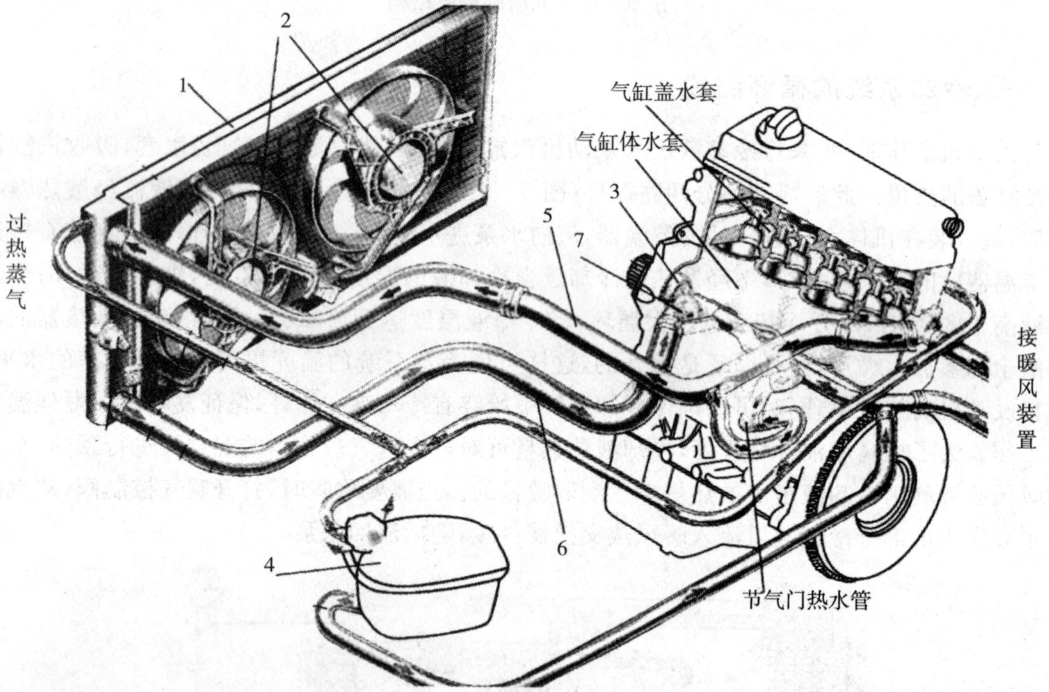

序　号	名　称	序　号	名　称
1		2	
3		4	
5		6	
7			

3. 冷却系统的循环路线

冷却系统在工作的时候根据发动机的温度不同会进行大小循环，根据下面的大小循环图写出冷却系统的大小循环路线。

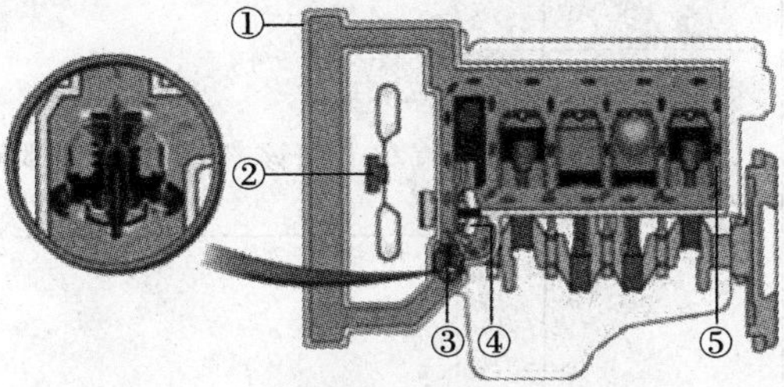

①散热器
②冷却风扇
③节温器
④水泵
⑤水套

水温较低，进行小循环

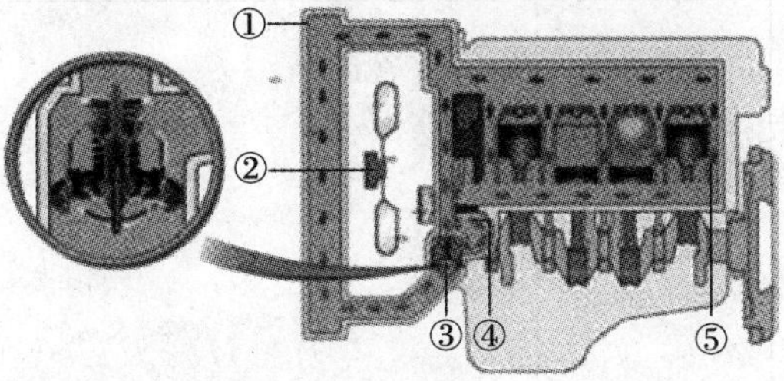

水温升高，既进行小循环，又进行大循环

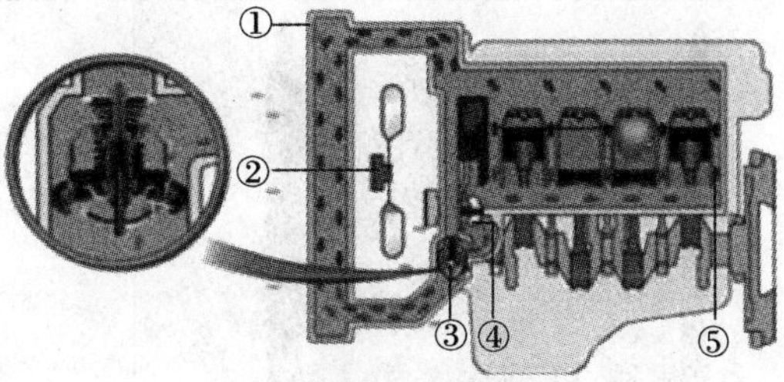

水温较高，进行大循环

小循环	
大循环	

4. 识别冷却系统的实物部件

实物	名称	作用	其他(横线处需填)
			该部件由 ________ 进行驱动，AJR发动机上该部件采用哪种类型：________________

（续表）

实物	名称	作用	其他（横线处需填）
			一般汽车上面该部件都采用哪种形式：____________

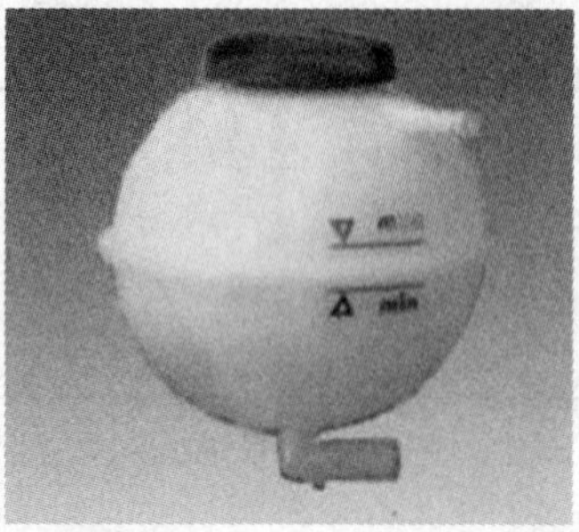			
			该部件的驱动方式主要有：____________、____________、____________

拓展题

1. 发动机冷却液是什么液体，它与一般的水有什么区别？

2. 冷却液规范使用的要求有哪些？

考核评价

本任务评价分四轮，第一轮：学生小组内一对一互评；第二轮：学生跨小组互评（全覆盖）；第三轮：老师考核（填写表单全覆盖、实物抽考 40%以上）；第四轮：系部/学院考核（填写表单全覆盖、实物抽考占班级人数比例 10%以上，抽考知识技能项目，其他考核分值参考任课老师的评价）。

评分表

序号	考核内容	配分	评分标准	考核记录	得分
1	知识技能	70	倒扣制：上述所有任务表单每错一处扣 5 分		
2	帮助同学	20	帮助同学		
3	学习能力	5	查阅资料能力、完成质量及速度等		
4	情感态度	5	自我学习态度，与同学配合、服从意识等		
5	知识拓展	8	加分项（每项 4 分）		
6	考核作弊		作弊每次扣 15 分		
7	分数总计	108			

任务5.2 汽车发动机冷却系统的检修

提出任务

李师傅在维修中遇到一例桑塔纳3000在时速超过120km/h时出现水温高故障现象，经过分析排查，最终确定故障是由于水泵在高速高温情况下，泵水不足导致的，请问冷却系统还有哪些部件故障会引起水温高呢？

任务要求

知识要求

1. 能说出冷却系统的组成部件；
2. 能掌握冷却系统各部件的维修方法；
3. 识别AJR发动机冷却系统节温器的检查方法。

能力要求

能掌握汽车发动机冷却系统的部件及检修方法。

知识准备

冷却系统主要部件的检修包括蜡式节温器、水泵、散热风扇及热敏开关等检修。

一、蜡式节温器的检修

节温器是冷却系统中用来调节冷却温度的重要机件，它的工作是否正常，对发动机工作温度影响很大，间接地影响了发动机的动力性能和油耗量，因此，节温器不可随便拆除。

(1)外观检查：检查节温器的阀门、弹簧是否有变形、失效、污物等，如有予以清理或更换。

(2)检查节温器：在温度可调试恒温加热设备检查节温器主阀门的开启温度、全开温度及升程，其中有一项不符合规范定值，则应更换节温器。例如桑塔纳JV发动机的节温器，其主阀门的开启温度为(87±2)℃，全开温度是(102±3)℃，全开升程超过7mm。

二、水泵的检修

1. 泵壳的检修

(1)用眼视法检查泵壳有否出现裂纹或砂眼，若有应修理或更换新件；

(2)泵壳与泵盖结合面的平面度误差应不大于0.15mm，否则可对泵壳端面进行磨削加工，但其加工量不得超过0.50mm，否则应更换新件；

(3)泵壳与轴承的配合应无松旷现象，否则应更换

2. 水泵轴的检修

(1)水泵轴与轴承的配合间隙应不大于0.03mm，否则应更换新的水泵轴；

(2)检查轴的弯曲程度，径向圆跳动误差超过0.10mm时应进行压力校正；

(3)水泵叶轮的检修:用直观检视法检查,叶轮出现破损应更换新件;

(4)水封总成的检修:水封胶木垫出现磨损凹槽,水封老化、变形或破裂,水封弹簧严重锈蚀,均应更换新件;

(5)水泵轴承的检修:水泵轴承应转动灵活、无异响,轴向间隙应不大于0.30mm,径向间隙应不大于0.15mm,否则应更换新轴承。

3. 水泵的装配

水泵安装时基本顺序与拆卸顺序相反。但是,除更换衬垫及密封圈外,首先对清洗好的零件进行检查测量,磨损超差的,必须更换新件,各零部件检查合格才能装复。

1)经验法检查,其操作方法及要求

(1)用手转动皮带轮,泵轴应转动灵活,叶轮与泵壳应无摩擦声;

(2)用手晃动及推拉水泵轴时,允许稍有轴向间隙,但不得有径向松旷;

(3)用手堵住水泵出水口,在水泵泵腔中灌满水,转动水泵轴时,泄水孔应无漏水现象。

2)实验法检查,其操作方法及要求

(1)水泵轴与轴承的配合,一般为−0.010~+0.012mm,大修允许为−0.010~+0.030mm。

(2)水泵轴承与轴承孔的配合,一般为−0.02~+0.02mm,大修允许为−0.02~+0.044mm。

(3)水泵轴与叶轮轴承孔的配合,无固定螺栓(螺母)的,一般为−0.04~−0.02mm,有固定螺母的,一般为−0.01~+0.01mm。

(4)水泵叶轮装合后,一般应高出泵轴0.1~0.5mm。

(5)水泵装合后,叶轮外缘与泵壳内腔之间的间隙,一般为1mm;叶轮与泵盖之间应有0.075~1.00mm的间隙。

三、散热风扇及热敏开关的检修

1. 风扇叶片的检查

风扇叶片出现变形、弯曲、破损,应及时更换。由于风扇连接板强度不足或其他原因,使风扇叶片向前弯曲或扭转变形,破坏了风扇叶片原设计的角度,使其丧失平衡性能,不但影响通过散热器的空气流速和流量,降低了散热器的冷却能力,甚至打坏散热器,加速水泵轴承、水封的损坏,还会大幅度增大风扇的噪声。

2. 风扇热敏开关的检查

桑塔纳2000AJR发动机电动风扇热敏开关的检查方法:将电动风扇热敏开关放入加热的水中,用万用表测量。

低速挡在水温达到93~98℃时应导通,当水温达到88~93℃时应断开。

高速挡在水温为93~98℃应断开,达到105℃时应导通。否则,应更换电动风扇热敏开关。

任务实施

工作准备

学习资料:学习材料、多媒体课件、视频、任务工单

工量具:游标卡尺、塞尺、刀口尺

设施设备:发动机整机、冷却系统零件、加热容器(带温度显示)

实施过程

1. 冷却系统主要故障

写出下列对应冷却系统故障可能造成的原因

主要故障	可能原因
发动机温度过高	
发动机温度过低	
冷却液消耗过快	

2. 冷却系统主要部件的检修

1)水泵的检修

检查水泵壳体是否有________和________,检查结果________,是否需要修理或更换。(填是或否)

检查水泵泵壳与泵盖结合面的平面度误差为________,是否需要修理或更换________。(填是或否)

2)节温器的检修

要求:对节温器进行加热,检查节温器主阀门的开启温度,全开温度及升程。

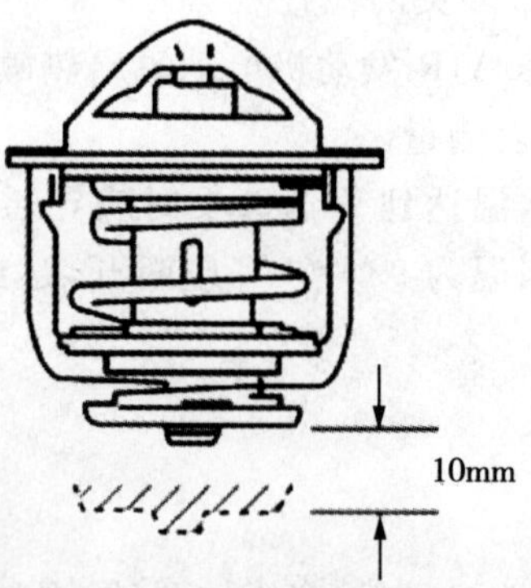

检查结果记录:主阀门开启的温度________,全开的温度________,升程________。

3)散热器盖的检修

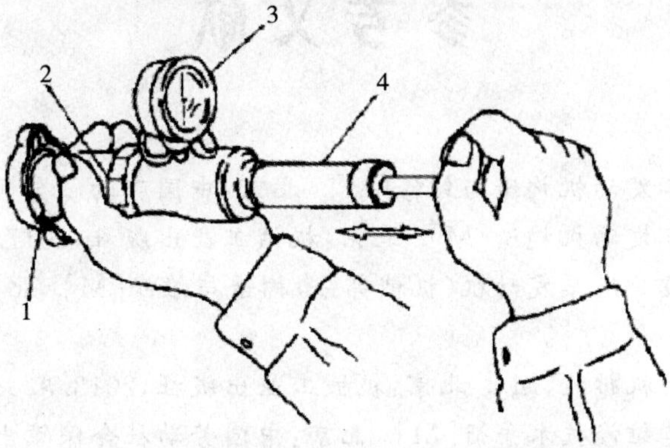

将散热器盖旋装在测试器上,用手推动测试器,直至蒸汽阀打开为止,记录蒸汽阀打开时的压力____。

评分表

序号	日常表现项目	配分	评分标准	分数
1	目标达成率	60 分	工作页填写(20%)+检修技能(40%)	
2	课堂准备情况	10 分	是否做到三带(笔、记录本、课本),一穿(实训服)。 A. 按要求做到(10 分) B. 未按要求做到每次扣 2 分	
3	课堂纪律	20 分	A. 无违纪情况(20 分) B. 有违纪情况(视情况扣分) 随便说话、扰乱秩序(每次－3) 上课伏案(每次－2)、勾肩搭背(每次－2)、实训窜组(每次－2)、上课打闹(每次－5)、允许倒扣	
4	"7S"素养	10 分	A. 按要求做到位(10 分) B. 未做到位(视情况扣分) 座位有垃圾(－2)、桌面凌乱(－2)、未穿实训服(－2)、违反安全操作(－10)、工位整理不到位(－3)、允许倒扣	
总分				

参考文献

[1] 羌春晓．汽车发动机构造与维修[M]．北京：中国劳动社会保障出版社，2016.4.

[2] 于增信．汽车发动机构造[M]．北京：机械工业出版社，2017.3.

[3] 盐城技师学院．汽车发动机（机械部分）构造与维修[M]．北京：中国劳动社会保障出版社，2012.

[4] 阙广武．发动机拆装[M]．北京：机械工业出版社，2013.3.

[5] 陈金伟．汽车维修技术手册[M]．北京：中国劳动社会保障出版社，2014.

[6] 陈家瑞．汽车构造：上册（3 版）[M]．北京：机械工业出版社，2009.2.